绿 雪

杜文娟 著

中国西部女作家散文自选丛书

青海人民出版社

图书在版编目（CIP）数据

绿雪 / 杜文娟著 . -- 西宁 : 青海人民出版社 , 2018.7
（中国西部女作家散文自选丛书）
ISBN 978-7-225-05612-8

Ⅰ . ①绿… Ⅱ . ①杜… Ⅲ . ①散文集—中国—当代
Ⅳ . ① I267

中国版本图书馆 CIP 数据核字 (2018) 第 170819 号

中国西部女作家散文自选丛书
绿雪
杜文娟　著

出 版 人　樊原成
出版发行　青海人民出版社有限责任公司
西宁市五四西路 71 号　邮政编码：810023　电话：（0971）6143426（总编室）
发行热线　（0971）6143516 / 6137730
网　　址　http://www.qhrmcbs.com
印　　刷　陕西龙山海天艺术印务有限公司
经　　销　新华书店
开　　本　850 mm × 1168 mm　1/32
印　　张　6.5
字　　数　100 千
版　　次　2018 年 12 月第 1 版　2018 年 12 月第 1 次印刷
书　　号　ISBN 978-7-225-05612-8
定　　价　30.00 元

目录 Contents

西藏与江南

2011 年 12 月 3 日，当我在西安滴水成冰的午夜，为我的长篇纪实文学《阿里 阿里》画上最后一个句号的时候，暗暗发誓，我再也不去阿里，再也不愿回忆采访的艰辛和写作过程中几欲崩溃的情景。此后很长一段时间，我用读书、散步、旅行、喝茶、聊天、晒太阳来犒劳自己。

一年后的 2012 年 12 月，我正在惟余莽莽的毛乌素草原采访，忽然接到《北京文学》主编杨晓升老师的电话，他告诉我有一家机构想找人写一部关于西藏公益慈善方面的书，他推荐了我，对方看了我的资料，读了我的书，比较满意，已经把相关资料发到我的邮箱了。

我在电话这端踟蹰了好一会儿，似乎在自言自语，又似乎在对杨老师说，如果写这本书，应该还会去阿里吧。

恰好在这个时候，陕西一家出版社受省委宣传部和组织部的委托，策划一套描写援藏干部的书，主笔是我。

写作需要时间，更需要心境，人生总是在选择与放弃之间纠结。在公益慈善与援藏干部两大题材的博弈中，我选择了公益慈善，而且是面向藏区，重点在阿里地区。

再次进藏，已经是2013年4月中旬，那个时候，我刚刚完成了长篇报告文学《祥瑞草原》，身心极度疲惫，自己也非常清楚，目前这种状态不适合承接任何工作，更不利于写作，从容和愉悦才是长篇写作者最好的状态，所以我一向把采访当作旅行和增长见识的好机会。

但西藏毕竟是雪域高原，高寒缺氧是基本特色，容不得半点儿虚假与狂妄，下飞机不到两小时，我就倒下了，头昏脑涨，气喘咳嗽，吃药、吸氧见效不大，血压一度飙升到150。西藏人民医院的医生为我量完血压后，还用听诊器在我的心脏部位仔细倾听。这个动作令我异常惶恐，让我怀疑自己的心肺是否出了毛病。人在高海拔地区感冒咳嗽，很有可能会迅速转化为肺水肿，继而是脑水肿，口吐白沫、鲜血，甚或几天时间就会命丧黄泉。

一定是紧张超出了我的承受能力，医生感到了我的不安，告诉我别紧张。

后面的话我替他说了，有自我安慰的意思。我说，就是真的病了，西藏人民医院的医疗水平是全自治区最高的吧。

医生是一位年轻男士，他说，我们医院在高原病防治方面积累了比较丰富的经验。

他给我开了药，我没有去药房取，因为我的背包里总是备着这些药品。

拉萨的雪和拉萨的雨一样，喜欢在夜晚飘临。刚到拉萨的那几天，几乎每个清晨，拉开窗帘就会看见妖艳一片：薄薄的积雪压在粉红色海棠花瓣上，方亭的藏画色泽明丽，拉萨河依然碧水长流，连绵的群山白雪皑皑，分不清天空与大地。正午时分，阳光照耀在布达拉宫金顶上，每座山峰都有一面旗子，那是冰雪劲风构成的旗云，丝丝缕缕的云雾随风飘逸，飘着飘着，山峦就改变了容颜，从山脚到山腰再到山顶，白色逐渐淡薄消减，褐色逐渐变为主体，光照强烈的时候，山巅的雪也会完全消融。

最为曼妙的是，方亭上积雪融化，晶莹剔透的水珠点点落

正午时分，阳光照耀在布达拉宫金顶上，每座山峰都有一面旗子，那是冰雪劲风构成的旗云。

下。细微的雪变成细微的水，从海棠花瓣上缓缓滑下，凄凄切切，犹犹豫豫，失恋女子一般。

拉萨的时光尽管繁忙，但在路途不太远的情况下，我还是喜欢乘坐三轮车四处闲逛。拉萨的三轮车和藏族人的服饰一样，大红大绿，色彩鲜艳，藏族小伙子喜欢在车棚内装一个小喇叭，一路歌声一路笑。当然，那些歌是我听不懂的纯藏文歌曲，曲调却是人人喜爱的欢快，或锅庄，或果谐，或弦子舞。樱花和玫瑰在四月的拉萨含苞待放，柳树刚刚发芽，鹅黄色的嫩芽娇媚清新。三轮车经过的时候，柳粒儿发出簌簌的声音。路过布达拉宫和大昭寺的时候，满心欢喜，回家的感觉油然而生。

采访和被采访交织着我的拉萨时光：上午我采访公益慈善方面的专家学者，跟慈善基金会人员一起走街串巷，到学校进医院，甚至到患儿家中探访；下午接受西藏各种媒体采访，晚上到西藏人民广播电台直播节目。

一天，我与做西藏贫困儿童大病救治工作的德央一起，到拉萨东郊一个社区落实一名牧区患儿的入院手续，顺便采访一位草根慈善家，他在这个社区创办了一所幼儿园。已经过了午饭时间，采访还没有结束，我们在小餐馆要了酥油茶和藏面，边喝酥油茶边采访，藏面还没有端上桌，手机就响了，得去拜访一位闭关修行的藏学家。关掉录音笔，合上采访本，对被采访者和德央说了一声对不起，起身想走，发现自己有点儿站不起来了。再次站起来的时候，左手从胸前移到眼睑，抹掉刚刚流出的泪花。

到一个居民小区走访一位患儿，一家人住在六七平方米的出租屋里，两张藏式小床呈丁字形摆放，占去房间大部分面积，被褥、衣服全都堆在床上，凌乱不堪。坐下以后，觉得不踏实，伸不直双腿，把床上的杂物往里面推了推，勉强坐稳。同行人指着房间唯一一扇窗户对我说，晚上他们上厕所只能翻窗户，窗户外面是房东家的院子，院子里有厕所。

依然得走上天路，走上天上阿里，这是我十年间第六次进藏，第四次前往阿里。在从拉萨到阿里的三天行程中，破天荒地第一次吃药吸氧，巨大的氧气罐就在我的座位前。同行的人取笑我，你跟药咋这么亲，见药就吃，还大把大把地吃。

头一天晚上住在日喀则，十多年来，上海、山东等省市对口援助日喀则，为这里注入了新鲜血液，宾馆、饭店接近内地。

第二天住在萨嘎县城，水龙头不出水，卫生间放一个水桶、一个暖水瓶。和往年不同的是，床上多了一张电热毯，这令我喜出望外，在长冬少夏的藏西大地，能睡个热乎觉是件多么奢侈的事啊！不知道过了多长时间，还是被冻醒了，借着手机微弱的光，检查电热毯接头，才意识到整个宾馆停电了，其实很可能整个县城都停电了，这在辽阔的青藏高原不足为奇。我把所有能盖的东西都放在被子上，压得我气喘吁吁，天还没亮再次被冻醒，全身蜷缩成一个圆，这应该就是西藏人常说的“当团长”。

同样在萨嘎县城，十年前的2003年冬天，慈善家王秋杨给杯子倒了一杯水，转身把暖水瓶放回原来的地方，也就是几步之遥，水杯已经结了薄薄一层冰。

从札达县城出发，前往喜马拉雅山脉腹地的达巴小学采访，这所小学由北京苹果慈善基金会援建，全校不到二十名学生，一位公办教师，一位临时教师。春节前后札达遭遇了十多年不遇的雪灾，不但有人员伤亡，大雪封山时间还格外漫长。开学已经一个多月了，学生还无法全部到校，村里组织人员和马匹，将孩子一个个送到能通汽车的地方，乡政府再派车把孩子接到学校。

学校所有师生住校，一年购买一次粮食，每个月从县城购买一次蔬菜，一学期见不到一个外乡人。由于冬季极寒，平时缺电，捐建的浴室、盥洗室形同虚设。整个冬天洗不了一次澡。

夏季老师领学生到河沟洗澡，有时候到边防连和边防派出所洗几次。有人对我说，现在一年还能洗几次澡，老辈人没有洗澡的条件和习惯，为了减少虱子叮咬，在腋窝等部位放一团羊毛，吸引虱子，这样再多虱子都不会太难受。

老师在黑板上用白色粉笔画了一颗大大的苹果，两片叶子优雅地左右散去，艺术而美观。

他用汉语大声问学生，这是什么？

同学们异口同声地回答，苹果。

一个男孩睁大眼睛，待大家回答完毕才迷茫地问，老师，什么是苹果？

正午的高原，强烈的紫外线照得我睁不开眼睛，一只眼睁着，一只眼闭着，站在高高飘扬的五星红旗和基金会旗子下面，我问陪同的当地教育部门的同志，为什么不把孩子送到条件好一些的乡镇或县城读书？

他指着不远处的雪山对我说，那边就是邻国了，有一些地方还属于争议区，如果把子女送到更远的乡镇或县城读书，家长就得跟着一起住到乡镇或县城，边境上不能没有边民吧。边疆的孩子和他们的父辈一样，付出太多，只要他们生活在这里，就要守边固土，为国奉献。正因为他们祖祖辈辈、世世代代驻守边疆，才换来内地的繁荣昌盛、和平安宁。

望着寸草不生的近旁，亘古银色的远方，我的大脑一片空白。待我反应过来，好像是问对方，又像是问自己，这些孩子长大以后是不是也和他们的祖辈一样，一匹马，一杆枪，一个老婆，一群羊，在边境上放牧一生，孤寂一生？

他告诉我，达巴小学条件还算好的，中印边境上的楚鲁松杰小学也是基金会捐建的，几年前，家长要求安排一名教学水平高一些的老师。但这里一年有大半年时间大雪封山，与外界失去联系，一封信要走一年才能到收信人手中。最后有一名老师愿意去，条件是在楚鲁松杰教够一年书，把他调到县城工作。一年以后，老师回到县城，蓬头垢面，胡子拉碴。自那以后，教育局再也不敢往楚鲁松杰派老师了，那里的老师都是本村人，基本上都是初、高中毕业生。

阿里军分区前副司令员阿旺多吉说，在边境做每一件事情都不敢马虎，都代表国家形象，体现国家威严，在西藏边境地区做公益慈善，其实就是体现汉藏团结，促进边疆稳定，维护人类和平的伟大壮举。

人们大多知道云南泸沽湖有个女儿国，但很少有人知道中国和尼泊尔交界处的普兰县也有个女儿国。走婚是千百年来科迦村流行的婚姻形式，一妻多夫和一夫多妻，在科迦村依然存在。接受过现代教育，特别是西藏民主改革以后，走婚制、父母之命媒妁之言、自由恋爱，在科迦村和普兰县的其他村庄同时存在。

赤脚医生强巴丹增也走婚，他的儿子在浙江省一个内地西藏班读初中。

强巴丹增说，他已经有三年没有看见儿子了，不知道儿子长高没有。

我问他，为什么不跟你的妻子住在一起？医务室、自己家、妻子家三个地方来回跑，多麻烦哦！

他说，不行啊，得养活妹妹们的孩子呢，我是舅舅嘛。

我说，让你妹妹带上孩子，跟自己的丈夫住，就不需要你养活了。

他睁大眼睛盯着我看了好一会儿，然后说，父亲在世的时候说不能分家，分家在这里是一件不太光彩的事儿。

我说，夫妻、孩子一家人住在一起是天经地义的啊。

他反问我一句，什么叫天经地义？

待翻译和转述完毕，他惊奇地问我，你们那里不走婚吗？

强巴丹增不但为本村人看病，还经常到尼泊尔为患者看病，是一位藏医、西医兼通的赤脚医生。

回到内地很长一段时间，常常想起边境上的人和事，一次次叩问自己，如果换作我们，换作都市中千千万万的白领精英们，愿意生活在生命禁区、地球第三极，世世代代驻守边疆保家卫国吗？

令人欣慰的是，有众多爱心人士和基金会，用实际行动为雪域高原建起了学校，修建了乡村医务室，培训乡村医生和接生员，捐赠体检车、图书室，免费送医送药到农牧区，把贫困家庭大病儿童接到拉萨或送到内地进行治疗，甚至还捐建了与大都市同步放映的数字影院和保护当地历史文化的藏经博物馆，援助藏医学院建设，神山圣湖公益环保，等等。

有了改革开放，才使一部分人先富起来，才有更多人关注需要帮助的人，NGO 的成长与强大，是国富民强的具体体现，是人类文明进步的标志。无论来自内地还是西藏本土的公益组织，甚或国际公益机构，体现的都是人文关怀、民族融合、社会繁荣稳定的大局面。

我很乐意接受西藏文化慈善者这一身份，既是褒奖，更是一种担当。为了真实反映西藏公益慈善，我们行程数万公里，从内地到西藏，再从西藏到内地，风雪兼程，冷暖自知，采访数人，查阅大量资料，身体疲惫，心情欢畅。回望和总结，是为了赢得更多人的关注、理解、支持，使更多人投入到西藏公益慈善之中。

当我把整整一大箱采访笔记和相关资料带到江南水乡的时候，惊得朋友李素红大呼小叫，天啦，世界上怎么会有这种女人！出门拎一箱子书，连条漂亮裙子都不带，怪不得没有男人喜欢。

李素红开着豪华奔驰，引领我和鲁院同学方格子进入翠竹青青、鸟语花香的浙江植物王国天目山，在一处避暑山庄，开始了我们的写作。李素红写一部以汶川地震为背景，讲述女志愿者经历的长篇小说。方格子写一部关于中国留守妇女的长篇非虚构作品。我写的就是这部西藏公益慈善观察，以此折射出中国非公募基金会发展历程和面临的问题。

《冈拉梅朵》一直陪伴着我，之所以选择这首歌做主题曲，是因为这首歌与这本书的主旨一致，气脉相通，有异曲同工之处。冈拉梅朵，纯洁无瑕，高高地开在那雪山上，历经风雨，带给高原平安吉祥。

所有参与、理解、支持中国公益慈善，特别是西藏公益慈善的人，都是圣洁的冈拉梅朵，吉祥的雪莲花。

记得有人说过，人生中一定要分清楚，哪些时刻是属于生活的，哪些时刻是属于生命的，我们的日常生活往往只是生活层面的日子。

我十年来的西藏之行，十年来以西藏为背景书写各种各样的故事，与众多在西藏做公益慈善的中外人士一样，属于生命的状态。

白天忙着各自的文字，傍晚一起散步，这是一天中最美妙的时光。我们在曲径通幽的古木下嘻嘻哈哈，八卦着各种各样好玩儿的人和事，追着蝴蝶，撵着蜻蜓，顺手拍几张奇花异草，传上微博，发给烈日炎炎下煎熬的朋友，引来羡慕、嫉妒的回应。

惬意的江南时光，我却常常想起遥远的西藏。曾经翻越的每一座雪山，蹚过的每一条冰河，像蒙太奇一样不停闪现，成为难忘的青春记忆。在青藏高原，也许是高原反应，大脑缺氧，也许是文化背景差异太大，一句问话，往往经过三四个人的翻译、转述、插叙，听得我丈二和尚摸不着头脑。而在江南，三个女人一台戏，说着彼此都懂的话语，轻轻松松，快乐无比。

一天傍晚，梅雨刚刚过去，夜色朦胧，晚风习习，密密麻麻的萤火虫穿梭在翠竹和森林之间，星光一般灿烂，这是我生命中不曾见过的壮观。蝉声明亮，蛙声悠长，栀子、芦苇、茅草、葡萄、玉米、无花果，散发出生命的芳香。偶尔，房间里飞进一只萤火虫，从黑夜相伴到天亮。

写累的时候，眺望烟雨朦胧的群峰山峦，满目新绿，四野滴翠。燕子在身边飞翔，白云在蓝天游移。夜色浓郁的时候，坐在露台的竹椅上，仰望银河，繁星浩荡，偶尔有飞机的红色尾灯掠过，天籁般悠扬。

更多的时候，自然或不自然地遥望一个方向，那是我钟情的西藏。

牧草样的生命

现在是 2017 年 2 月底，手机显示在天涯区，我在三亚的木棉椰风里，在凌霄与云彩之间的阳台上，品尝莲雾、释迦，发呆，四下张望。

某个夜晚，听见雨声，挑了纱帘，俯瞰园景，原来是人工喷泉。一抬头，看见了雪山，洁白连绵，巍然屹立。愕然中，仔细辨析，并非雪山，而是崇山峻岭般的白云。云山也在流动，只是滞缓一些，静谧一些。云山与云山之间，是不规则的空阔，空阔呈黛色，没有星星，也无月亮，则有天光。

我坚信，夜空一定有星星，只是去了另一个地方，成群结队，“纷至沓去”，那个地方，我不想说。

或躺或卧，看藕荷色的帘逸动，无数的浮尘颗粒在光束中鱼儿一般游走，有的竟闪闪发光。倏忽间，想起广袤的大陆，我的家人，我的朋友，我生命中经历的众多男人和女人，依然在雾霾与冷风中日出而作，日落而息。

西藏的空气中有尘埃吗？

摇摇头，眨一眨眼，对心说，西藏的空气当然纯净，但又犹豫，眼睛见到的真实，与想象中的存在是有区别的。这属于哲学范畴，我无力判决，也不想纠缠。

喔，怎么又想起西藏了？我得屏蔽所有与西藏有关的信息、思绪，哪怕一点点联想。

常常地，穿了浴袍，散着长发，轻踩着凉鞋，走进绿荫里。棕榈疏密有致，长叶点点，仿佛曼妙的垂柳。榕树独木成林，气根飘飘。木棉鹤立鸡群，染红半边天。最常见的自然是红树，根系发达，盘根错节，树树比肩。海南多红树，也是到三亚以后才知道的，水边滩涂，处处皆是，既能防风固沙，又为鱼虾蟹和鸟类提供了良好的繁衍生息的场所。

面对此情此景，总会思考一个问题，这里的山川真热闹呀，没有一寸寂寞的土地，插根扁担大概也能长成树，掉粒米或许也能发芽。而有的地方，同样是一国之土，同样在边疆，却冰天雪地，亘古荒凉，插根柳树立即会变成扁担；扁担也不会长久，风雪一冬，化为灰烬。

我在蔗田稻香里，流连忘返，惊诧复惊诧。

走过芭蕉，越过三角梅，绕过大小不一、曲直不等的泳池，最终是要到美食街的。似乎所有的春夏秋冬、生命历程、喜怒哀乐，都是为了这一件事。

的确，我在回避，在逃离，在忘却。

历史又不是电脑里的文件、树上的鸟巢，删除、捣毁就算结束。

那一切能丢失吗？那是我的青春记忆，是我十多年的所有经历，一个人一生中有多少个十多年呢？我把我的风华正茂，风华正茂中的激情飞扬，激情飞扬中的才华锦句，全都给予了那方高寒之地。

那就是我的西藏，流淌在血液中的雪域情怀。

第一次决定去西藏是2001年夏季，购买机票的时候我被告知，西安到拉萨的航班天天爆满，青藏铁路已经开工，大批技术人员赶赴西藏。后又打算飞往乌鲁木齐，打算从新疆转机西藏，这个计划自然落空。几年后我才得知，新藏天路连雄鹰都难以逾越，何况一架飞机！当然，再高的雪山也难以抵挡人们对蓝天的向往，十多年后，喀什到阿里正式通航。

2003年8月，第一次进藏，从西安乘火车到格尔木，再搭乘越野车到拉萨。夜宿沱沱河畔的小客栈，我被满天的繁星震撼，头顶、肩膀、指尖、睫毛上，无处不闪烁着星星，银河大概就是这般模样吧。那一夜，几乎无法入眠，头疼，恶心，呕吐，紧随其身。

围着牦牛粪炉子等饭吃的时候，端饭的女孩子手里端着饭碗，眼睛却瞅着比碗大不了多少的黑白电视机。催得急了，快走几步，端一碗递过来；不催不问，便双手端碗，取暖一般，偏着头喜滋滋、乐呵呵、全神贯注地盯着电视。有人说怎么连一点儿服务意识都没有，咋做生意的。立即遭到一位资深旅人的反驳，在这前不见古人，后不见来者的洪荒之地，有碗热乎面条吃就不错了，人家这是积德行善，别用内地人的理念要求藏族人，况且她根本听不懂汉语。

我便多看了女孩子几眼，对她充满了羡慕和喜爱。藏族人原来是这个样子呀：皮肤黝黑，脸庞黑中透红，从容自在，祥和欢乐，不知有汉无论魏晋的样子。而我们的脸上，除去焦虑、欲望和失落，就是得意、狂妄和傲慢。

2006 年 7 月从成都出发，过了雅安才知道从成都到拉萨两千多公里，不出意外的话需要六七天时间。当时我穿一套单薄便装，背包里只有两件内衣，每天晚上停车后，最先背上轻便小包，双手插进裤兜，瞪大眼睛看同行者从后备箱卸下大包小包，汽车尾气直冲小腿肚子。终于有人发出惊叹，你怎么连一件装备都没有呢？这个样子也敢走川藏线，简直是天方夜谭嘛！

就是这一次，我不但到了珠穆朗玛峰大本营，还沿途写专栏稿发回内地。每天傍晚找好住处以后，驴友们还在吃晚饭，我就独自走街串巷，四处打听哪里有网吧。理塘在地图上有另外一个名字叫高城，从理塘的网吧出来，天空飘着雪花，我请网管送我，小伙子把伞举过我的头顶，自己则远远地侧过身子，快到旅馆门口，直奔过去，哐哐踢那卷闸门，余音缭绕中，小伙子已经消失在无尽的风雪中。雪中的夜不全漆黑，透着隐隐约约淡淡的白，风中的夜有些流动，山峦、房屋和人都在浪花中一般。在巴塘的网吧写完稿子，大约凌晨三点。皎洁的月光洒满大地，和煦温暖。一袭绛色袈裟走在不远处，我顿时平静下来，惶恐与惧怕烟消云散。我走在后面，他走在前面，整个世界似乎只有我们两个人，百灵鸟不鸣，杜鹃花不艳。忽然，我觉得这个画面似曾相识。黄昏去会情人，黎明大雪飞扬，莫说瞒与不瞒，脚印已留雪上。喔，他不会是仓央嘉措吧？

在横断山脉深处的左贡县城，一个小时就写完了稿子，发送一个多小时还是发不出去。深夜的网吧热闹非凡，打游戏的，骂架的，唱歌的，喝酒的，唾沫星子在头顶飞来飞去，藏刀在眼前忽上忽下。我问网管，有网速快点儿的地方吗？答曰，有的，在地区。地区在哪里？地区在昌都。多远？不远，开车四五个小时就能到。

当时我哈哈大笑，四五个小时还不算远，这是什么鬼地方呀。

在拉萨街头，晚上十点多还有兜售皮带、帽子的吆喝声，长长的杆子上挑一个昏暗灯泡，火锅热气升腾。这个场景令我无法挪步，几年前的此时此地，街头一片宁静，所有亮光来自月亮和星辰。

西藏一定发生了什么，青藏铁路为西藏带来的变化竟如此巨大。

然后，一路西行到阿里，越过比人还高的冰墙，到喜马拉雅山脉南麓走访女儿国。蹚冰河过沼泽，穿越千里羌塘无人区，在乌云压顶的旷野遭遇雷电以后，愈加觉得那次大笑多么浅薄。辽阔无垠的藏北大地，几乎只有三种颜色：连片的褐色裸石，白雪皑皑的山巅阴坡，河流湖泊岸边的苍茫牧草。同样是草，内地的草娇嫩水灵，与神话传说有着不解之缘；藏北的牧草却沧桑凛冽，刚冒芽就像中年男女，肩负沉重使命一般，即便是这种牧草，也不是随处可见。车行数日，就没有见过一株高过脚踝的牧草，更见不到树木。一天又一天，见不到一顶帐篷，偶尔邂逅一位牧羊女，兴奋地互相招手，如同见到久别的亲人。汽车一会儿断了钢板，一会儿陷进冰河，一会儿遇见狼群。终于到了县城，所有人靠买水度日，整个县城没有一辆出租车，只有到靠近那曲的县城，才有几辆出租车，每每见到新绿的出租车就亢奋地大呼小叫。

这里不适合人居，为什么还生活着众多藏族百姓和外来者呢？

一位教育工作者指着惟余莽莽的雪山对我说，那边就是邻国了，有的地方还属于争议区，如果边境上没有边民居住，多年以后这个地方可能就是别国的领土了。

我暗自思忖，这里长冬无夏，风吹石头跑，氧气吃不饱，连一棵树、一株草都不长，人怎么生存呀！这些边民牺牲太大了，祖祖辈辈与飓风雪山为伍，孤寂一生，穷困终老。

脑海中，第一次冒出边疆这个词。边疆，原来不仅仅是名词，而是真真切切的动词，一生一世，从出生到老去，当地人，边防军人，援藏者，千千万万，芸芸众生，流水般来到边疆，来到西藏，目的只有一个——稳定边疆，建设边疆。边疆稳定了，内地才会繁荣富庶、长治久安。

当我翻过一座又一座雪山，爬过一条又一条沟壑，终于俯瞰到喜马拉雅山脉褶皱深处的一个县城时，有人指着荒芜中的小城对我说，这个地方原本没有树木，有一位县长从新疆带回了白杨树苗子，几十年过去了，县城终于有了几十棵白杨，风刮过时哗啦啦响，那声音真醉人噢！这是方圆几百公里内唯一的树林，许多人骑马、步行几天，就为看一眼树木的风采。

我问县长在哪里。对方说，退休后回上海了，听说回去以后也不适应上海的生活，年轻时来到西藏，为了修通从县城到阿里地区狮泉河镇的公路，带上锅碗一走数天，翻山越岭勘察路基。有一年春节，发现他不见了，四处寻找，原来他在丈量一个沟坎。老县长也不容易，从参加工作到退休都在西藏，同事、朋友全在西藏，夫妻长期分居，得不到家庭温暖，也照顾不了妻儿老小，回到上海多孤单呀。

有一次，我请一位当地官员帮忙联系从阿里到拉萨的长途汽车。他是一位藏二代，父辈是西藏和平解放以后较早一批援藏者。他对我说，曾经有一位知识青年，从内地千里迢迢来到西藏，有关部门希望他留在拉萨工作，所有部门任由他挑。可他希望到最艰苦的地方工作，就把他分配到藏北一个县当老师，校园里第一次响起了二胡和笛子声，人们争先恐后地看热闹，两个月以后，什么声音都没有了，那位老师也不知去向，有人到内地打探过，一点儿消息都没有，感觉他从来就没有来过西藏。

听完这个故事，我俩相对而立，哈哈大笑，高原的阳光照耀在脸上，刺得两只眼睛不能同时睁开。

在西藏自治区驻内地一家干休所，我拜访了一位90多岁的老西藏。他面容慈祥，靠滑轮支架行走，听力和口语都不错，我把自己的作品《阿里 阿里》双手递到他手里，他摸着四个大字，嘴角抽动，眼睛亮了一下。我说，中央医生，我来看您了。他望着我，看了许久，脸上忽地腾起笑容，雪莲花绽放一样。

那一刻，我有点儿控制不住自己的情绪，因为我在不同场合多次听过他的故事和传说。他曾经在国民党的部队服过役，1949年后，随一支中央医疗小分队从北京到阿里，原本援藏时间为一年，但因为工作需要，往后的几十年都在西藏度过。由于长期在高海拔地区工作、生活，身体受到严重伤害，终生未娶，却抚养了多名孤儿。

十多年间，数次进藏，经历和见识了许多。一个黄昏，我在狮泉河镇街头拦车，想到因为气温升高，冰雪融化，河水暴涨而造成泥石流灾害的现场探访。一辆私家车突然停下，问我是不是陕西来的作家，我反问他怎么知道的。对方说，阿里这地方平时很少来陌生人，好不容易来了个女人，还是内地女人，不出三天全城人都知道了。我说自己的确才来了三天。

由于西藏幅员辽阔，人烟稀少，从一个县城到另一个县城通常有四五百公里，从一个乡到另一个乡，动辄上百公里，翻雪山蹚冰河是常事，还没有班车，加之物价昂贵，食宿困难，经常得求助各方面的人。一次，我被安排到一家能洗热水澡的旅馆住宿，尽管洗澡水如同老年男人撒尿，滴滴答答连不成线，依然感激不尽。刚住下就被请去吃饭，亢奋而激动地吃过饭，有人对我拉拉扯扯，说我送杜老师，我要把杜老师送到床上。我举起手机求助熟人，对方夺过我的手机摔到地上，机身和电池纷飞两地。次日清晨，还处在高原反应期，服务员打来电话，让我马上退房，立即走人。

我带上所有行李，站在街道上，身旁就是万岁山，仰望嶙峋的山峦、寸草不生的烈士陵园，陵园里不仅躺着解放阿里的烈士遗骨，还有孔繁森的衣冠冢。一只雄鹰从狮泉河以南飞向昆仑山方向，那里曾经是先驱们挺进西藏的地方。那一刻，我哇地哭出了声。哭了几声强行止住，哭泣伤神也伤身，更需要足够的氧气，在这空气稀薄的万里碧空之下，嚎啕大哭是一件极为奢侈的事儿，一口气上不来倒地身亡庸常如水。

第一次讨饭，实在有些难为情。那是从神山冈仁波钦下来，口干舌燥，肚子饿得咕咕叫。全身上下除了一根登山杖，一个空空如也的背包，连一个雪团都没有。正当我发愁怎样才能填饱肚子，走完后面的几十里夕阳土路时，发现几个藏族人正围在荒滩上吃肉干喝酥油茶。迟疑了一会儿，还是走了过去，连比带划，并说能买一点儿食物吗。有人听懂了我的汉语，把一条风干的生羊腿递给我，还摇摆着手，意思是送给我的。我抱着讨来的生羊腿，面对高高的冈仁波钦雪峰，嚼得有滋有味。

后来我才知道，在藏族人心目中，前羊腿比后羊腿尊贵，前羊腿一般给客人享用，他们送给我的正是一条前羊腿。

往后，无论在寺庙还是村庄，藏西还是藏东，经常能讨到饭吃。一位藏学专家对我说，在藏族人的理念中乞讨与布施对等，这与宗教有着千丝万缕的联系。这位藏学专家，几年后在欧洲讲学的时候不幸去世，只比我年长几岁。

非常感念有机会接触公益慈善领域，特别是西藏公益慈善，我随志愿者一起四处走访，过县进村，救助大病儿童，将他们送进拉萨的医院，送上去往内地的火车和飞机。回到内地，我把在西藏的所见所闻讲给众人，尽微薄之力宣传西藏，得到了爱心人士的支持，有人因此走上援藏和支教之路，捐款捐物属于常事。有一次我在西安参加讲座，一位老师当着听众的面儿说，几年以前，杜文娟脸上布满惆怅嫉恨，现在满脸都是温和友善。

这位老师的评价一点儿都不过分，西藏的确赐予我宽容和悲悯，这种变化以经历死亡和无常为代价。

人到中年，自然要思考过去、展望未来，希望对前半生有个总结。对十余年行走西藏做个交代，用一部长篇小说完成这个夙愿，是我多年的心愿。一旦要付诸行动，才发现这一工程浩繁庞杂，掌握的素材只是冰山一角。

那位被当作笑谈的知识青年，是怎样来到西藏，又是因为什么原因当了逃兵？90 多岁的中央医生，几十年间在西藏经历了什么？小说是一个民族的秘史，这段历史，其实就是西藏和平解放 60 多年的历史。在这段恢宏的历史中，几代内地人

第一次讨饭，实在有些难为情。那是从神山冈仁波钦下来，口干舌燥，肚子饿得咕咕叫。

在青藏高原如何生存？与藏文化、藏民族发生了怎样的交融与碰撞？他们的命运如何？这便有了柳渡江和老白的形象，那个非正常女人南宫羽，自然有我的影子。尽管是小说，虚构、想象和感觉是主体，但历史背景必须严谨，细节一定得真实。为此，我查阅了大量资料，走访了众多专家学者，土生土长的西藏人、老西藏、藏二代、援藏工作者、边防军人，等等。随着走访的深入，逐渐发现生活、工作在雪域高原的人，有着共同的品质——牧草样的生命，雪莲花般的精神，普通坚韧，生生不息，给人力量，使人坚强。为了确定雪莲花是否与杜鹃花生长在同一植被带，醉马草疫苗是个什么样子，喜马拉雅山地与羌塘无人区的气候、植被、食物、装束、动物间的食物链，等等，每一个细枝末节都花费了我大量的精力和热情。

如此算来，素材准备远远长于伏案写作的时间。

2014 年 11 月 26 日清晨，洗澡沐浴，播放仓央嘉措的《那一天》，点燃藏香。香炉是红色的莲花瓷炉，藏香插在藏香上，前一种藏香是尼木藏香，后一种是藏医院一位老师送的粉末状藏香，立着的藏香快燃尽的时候，粉末状藏香呼呼燃烧起来，整间书房烟雾弥漫，赶紧用水泼灭，这一刻，我听见了自己心跳的声音。

前几个月写得比较顺利，越往后烦躁越重，亲人病重，体力透支，小说人物命运沉浮，三股力量撕扯着我，使我焦虑不安、身心疲惫。我对一位鲁院同学说，什么时候写出好作品心就安了。她说，你心安了，就写出好作品了。

还是没有支撑住，有好几次，趴在沙发上，呼唤着离去的亲人，祈求他们保佑我写完这部作品。有一次去给学生讲课，终于脱掉家居服穿上正装，走着走着，裙子莫名滑到胯部，赶紧找来别针收腰，讲到一半，再次滑落。一位熟人说，杜文娟咋搞的，瘦得都脱形了。在药店买完药顺便称了一下体重，发现不到 90 斤，小说没写完，体重怎么就减了 10 多斤呢！不敢相信这是真的，但事实的确如此。

2017 年春节前两天，也就是腊月二十九日清晨，我将长篇小说《红雪莲》全文发给杂志社编辑，留言中写道：这一刻，我点燃藏香，听着仓央嘉措的《那一天》，给你发稿子，这封邮件对我是多么重要！点着尼木藏香，听着佛说，是写作整个《红雪莲》的常态。十年走访，四年书写，为了一朵雪莲花盛开。此时此刻，却是如此纠结。昨天才知道，今天是腊月二十九日，我得买年货了，首先得买一把挂面。

清楚地记得，点击发送键之后，再次潸然泪下。

幸好，一切都过去了，当又一个春天来临，来到南海之滨，面朝大海春暖花开，已经到了小鹿都要回头的天涯海角，还能干什么呢？只能写后记呗。

拉萨时间表

一 维色的笑声

第一次见到维色，是在 2013 年 5 月 17 日下午，在西藏自治区人民医院儿科病房。当时他刚做完漏斗胸手术，输着液体，吸着氧气，躺在病床上抱着妈妈迷迷糊糊地哭叫着。妈妈微笑着轻轻趴在他身上。

我和北京苹果基金会驻拉萨工作人员德央见此情形，赶快走出病房，维色的小姑妈和父亲跟了出来，坐在楼道镂空铁皮椅子上，我们聊了起来。

楼道的气氛显然比病房轻松得多。小姑妈的汉语比父亲流利一些，穿着打扮也还时尚。交谈之后，我们大致了解到维色的情况。

维色一家是拉萨本地人，父亲刚满 30 岁，有一个姐姐和一个妹妹，曾经上过一年学，几年前父亲与维色的妈妈结婚。妈妈没有读过书。三年前维色出生，一家三口与大姑妈夫妇一起居住，住在一起的还有维色的奶奶，原本拥挤的房间更加拥挤。

奶奶在八廓街有一间很小的房子，租给别人当仓库，每月有六七百元租金。大姑父是西藏人民医院一名后勤职工，患有风湿病，经常拄着拐杖。大姑妈干点儿零活。大姑妈年轻的时候有过孩子，生下来就夭折了，后来总是流产，生孩子的事儿就没了结果。小姑妈做小商品推销。在大姑父的帮助下，维色的父亲在医院当了一名保安，每个月有 950 元的收入。妈妈照顾维色和老人，没有任何收入。小姑妈和奶奶每个月给父亲两三百元贴补家用，也买点儿廉价烟抽。

维色出生以后，给这个家庭增添了喜气，刚会走路的时候，发现他的一只脚有点儿踩不实地面。有人建议打石膏矫正；有人建议垫尿不湿能使两条腿一样长，垫了三四个月，发现毫无效果。2013 年 1 月到医院检查，这一查把全家人推进了焦虑的深渊。维色被诊断为漏斗胸，属骨骼畸形，同时因为曾经被烧伤，导致腿部肌肉和骨骼也受到伤害。不治疗将会压迫心脏、肺部等重要器官，对以后的生长发育也存在隐患。除漏斗胸以外，因烧伤和腿部脱位所引起的其他病种也需要治疗，仅漏斗胸一项就需要至少五万元治疗费。

五万元治疗费对于这个家庭无疑是雪上加霜，因为没钱治疗，维色面临回家。

好心的医生想起了北京苹果基金会，因为德央总给他们送来汉藏文宣传单，恨不得贴满医院的墙壁横梁、角角落落。医院自然不允许随便张贴宣传资料，有心的医生会在抽屉里保存一张，上面有德央的手机号码。医生看出了维色父母的难处，将德央的联系方式告诉他们。

德央接到维色父亲的电话就赶到医院，看了诊断证明，了解了家庭情况，认为符合贫困儿童大病救治范围，帮他们填写了苹果基金会救助申请表，指导维色的父亲到居民社区开具贫困证明，再到街道办事处和拉萨市城关区民政局分别加盖公章；然后准备父母身份证、户口本复印件，维色的户口本复印件和体检报告。所有材料齐备以后，德央将这些材料一一扫描发往北京，请苹果基金会审查；审查通过后，请医生做治疗预算，并安排住院床位；再到西藏民族团结发展促进协会请财务人员转账，将预付款转到西藏人民医院医务处，医务处再将钱打到患儿所住儿科或内科科室，护士确认钱款到账以后才安排手术和护理。钱款一旦不够或不能及时到账，患儿就会面临断药的可能。患儿出院以后，德央到档案室借出病例复印，连同之前各种资料原件，统一寄给出资方——成龙慈善基金会。

患儿出院以后，医院退还家属预交的 2000 元押金，住院期间产生的一切费用由德央代表苹果基金会结清。

维色原本 3 月份就要住院，但因为 3 月份拉萨执勤值班任务重，父亲请不到假，所以等到 4 月底才入院。漏斗胸和腿部脱位两项费用，德央为他们申请了八万元。一开始做腿部脱位恢复治疗，将腿打上石膏，吊到一定高度，十多天后，发现皮肤过敏，只能拆除石膏，再做漏斗胸手术。手术的时候给体内装了两块钢板，两三年后才能取出来，取出的时候还要做手术，费用应该在一万元以上。

第二次见到维色是在三天后，我和德央去医院看望另一位患儿，在二楼大厅见到维色抓着妈妈的一根手指头，把妈妈往前拽。妈妈笑眯眯地跟在维色身后。维色看见德央立即松开妈妈，伸出手臂指给妈妈看。妈妈见到德央分外高兴。德央迎了上去，抱住维色。维色在德央怀里发出欢快的笑声。下楼的时候，维色让妈妈把他抱起来，伸出可爱的食指，按了电梯的一楼键。到了一楼，维色一手牵着妈妈，一手牵着德央，欢天喜地地走着曲线。

告别的时候，维色向我和德央挥手，妈妈双手合十，向我们致谢。

出了医院大门，我问德央，维色的妈妈怎么总是在微笑？儿子患这么重的病，怎么笑得出来？

德央说，自从跟维色一家打交道，每次见他妈妈都是这个表情，大概她喜欢笑吧。藏族人面对困难有一种与生俱来的勇敢和坚强，似乎没有什么困难能压倒他们。

德央还告诉我，按照基金会的要求，每位患儿原则上只能享受一次免费住院治疗，医生建议维色漏斗胸手术恢复好以后，到内地医院治疗腿部脱位，如果这样，就牵扯到多次住院。其实包虫病手术之后，也会有复发现象，有的得做几次手术。患儿多次住院、陪护费用、路费等问题，都比较棘手，所以贫困儿童大病救治工作听起来简单，具体到每位患儿，困难重重。面对困难，还得尽其所能，努力办好。

二 安多一家人

措姆只有一岁零八个月，是那曲地区安多县人，出生不久就发现有问题，送到西藏军区总医院检查，诊断为高原心脏病＋肺气管炎＋营养不良＋重度肝炎。2013 年 4 月，父母终于凑够 2000 元现金，把措姆送到西藏自治区人民医院治疗。

没过几天 2000 元押金就花光了，措姆面临断药出院的困境，主治医生恰好有苹果基金会德央的电话，打完电话，正在担心德央是否愿意帮助他们的时候，德央已经来到儿科重症监护室。措姆非常虚弱，连哭泣的声音都很低。措姆的父母不识字，德央帮他们填好申请表格后，向措姆的父母要身份证、户口本复印件，谁知只有父亲有身份证，而且他的父母还没有领结婚证，措姆和妈妈也没有户口本，更没有村、乡、县三级贫困证明。没有这些材料，就不能报到北京审批，北京方面审批不了，钱款就转不到医院。

德央想办法先给医院医务处转去 6000 元为措姆治病，同时让措姆的父亲请家乡人帮忙办理三级贫困证明，并补办结婚证和户口本。

6000元很快花完了，措姆的父亲给德央打电话说儿科在催钱。这天恰逢周末，德央来到医院请求医务处刘文龙副主任帮忙，刘主任正在开会，德央就在会议室门外等候，一直等到会议结束，刘主任让工作人员从医务处转给儿科6000元，儿科继续给措姆用药，直到治愈出院，住院费总共12000多元。由于家乡海拔4700米，拉萨市海拔不到3700米，医生建议措姆不要马上回到高海拔的安多，而是应该在低海拔地区休养一段时间。

一个月后，措姆的所有资料都办齐了，尽管补办了贫困证明，但由于低保名额有限，他们家并没有享受到低保待遇。

措姆住院的时候，妈妈陪护在病房，父亲白天忙碌，晚上蜷缩在医院楼道的铁皮椅子上睡觉。4月的拉萨雪花飘零，异常寒冷，德央送给他们一床毛毯。措姆的父亲通过老乡找到一间堆放杂物的小房子，六七平方米的样子，每月租金一百七十元，房东还为他们办了拉萨市暂住证。

出院之前，德央陪措姆的父亲到二手货市场花六百元钱买了两张藏式床，既能当沙发坐，又能当床用。她还送去一个断了电线的电动酥油机、一部旧手机，并为他们办理了那曲和拉萨两城一家手机套餐，还到超市买了一些日用品一并送去。措姆的父亲非常聪明，不但学会了用手机，还把打酥油的机子修好了。

德央为措姆的父亲找到一家餐厅当服务员，每月工资1600元，谁知干了几天就被辞退了，原因是措姆的父亲不会讲汉语，安多藏语和拉萨藏语又有很大区别，拉萨人说话他听不大懂，他说话别人也听不懂。

没有收入就无法生存，措姆家只有几只羊，请奶奶照看着，其中一只羊被一种棕色的毛很长的受保护的动物吃掉了。德央转述说，那种动物还会捡拾石头砸牧羊狗。我和德央猜测了好长时间也搞不清楚是何种动物。

德央经常去措姆家看望他们，带点儿小东西。措姆入院之前不会说话，不会走路；出院没多久，不但会说话、走路，笑声还格外响亮，喜欢和德央玩耍，抓住她的手不让她走。德央在《拉萨商报》上为措姆的父亲找到一份洗车的差事，心想，这份工作不需要说多少话就能挣钱，于是把他送到洗车场，并请老板给予照顾，每月工资两千元，中午管一顿饭。干了仅仅一天，老板不让他洗车，只让他洗轮胎和座垫，原因是措姆的父亲协作能力差，无法与其他人同洗一辆汽车，工资也从2000元降到1900元。为了上下班方便，德央送给他一辆旧款山地车，谁知第一天就撞了一位中年妇女、一个初中男生。中年妇女把他骂了一顿；男生瞪他两眼，撅一撅嘴走开了。措姆的父亲再也不敢骑车上下班，只能乘公交车，中间要倒一次车。

德央帮他们算了一下开支：每月房租一百七十元，公交车费一百八十元，水电费、手机费每月两三百元，可共使用的钱只有一千元左右。

2013 年 5 月 19 日上午，风和日丽，碧空万里，我和德央到措姆家看望他们，去之前给措姆的妈妈打电话，得知妈妈和外婆领着措姆去拉萨附近一个寺庙朝佛还没有回来，父亲在上班。我随德央爬上一个小茶馆二楼露台，踩在油腻腻的地面上，生怕摔跤。德央告诉我，她经常在这里等候措姆一家，在这里请他们吃饭、喝酥油茶，嘱咐他们怎样办各种手续，怎样与人打交道。

我俩要了一壶甜茶、两份盖浇饭，苍蝇闻香起舞，纷纷扰扰。坐着的简易沙发到处都是破洞，时不时地，喝一会儿甜茶歪着头看那破洞，生怕破洞里钻出老鼠来。米饭上面盖着青笋炒牛肉，德央端起盘子就吃，我把勺子举了几次，都没有吃下去的欲望，犹豫中几次想要呕吐，只好放下勺子，对德央说，不好意思，我不饿。

觉得时间差不多了，扶着铁栏杆小心翼翼地下楼梯，高跟鞋差点儿踩进铁片中间。

我为措姆买了苹果、橙子、饼干，德央为措姆的妈妈买了一管防晒霜。居民小区整齐漂亮，全都是两三层的小楼，措姆家住在巷子深处一户人家门外的杂物房里。敲了好一会儿门，不见动静，德央说大概还没有回来，我把耳朵贴到门上，隐约听见有人说话，继续敲门，开门的是措姆的外婆，满头银发，两条辫子垂在胸前，辫子里编织着好看的彩色布条。措姆的妈妈见到德央，脸上立刻绽放出花朵般的笑容。措姆躺在床上睡觉，两张床呈丁字形摆放，占去房间大部分面积，被褥、衣服全都堆在床上，凌乱不堪。

门后面的煤气炉子上煮着羊肉，香气四溢。坐下以后，觉得不踏实，伸不直双腿，把床上的杂物往里面推了推，勉强坐稳。德央指着房间里唯一一扇窗户对我说，晚上他们上厕所只能翻窗户，窗户外面是房东家的院子，院子里有厕所。

德央把防晒霜递给措姆的妈妈。妈妈拧不开盖子，德央帮她拧开，教她怎样使用。我试图和措姆的妈妈、外婆交流几句，都被微笑驱赶回来。德央告诉我说，措姆的父母 20 岁出头，还是一对孩子，无法回答我提出的任何问题。在拉萨的日子里，德央像他们家的发言人和翻译，帮他们面对整个世界，处理一切事务。

我像一个傻子，在措姆家坐了一会儿便告辞了。

走出措姆家，忽然意识到通往他们家的石板路幽长又狭窄，我和德央在幽长、寂静的巷子里不知道走了多长时间，才来到车水马龙的街道，正午的阳光洒在林荫道上，斑驳迤逦。回想措姆家狭小简陋的小屋，年轻女人的笑容，有一种恍如隔世的感觉。

措姆消除了疾病困扰，找回了健康，但他们离开了广阔的羌塘草原——在家乡的草原上，他们自由自在，驰骋千里，来到城市拉萨却举步维艰，一切都要从头开始。

措姆一家从骑马代步到乘公交车，从用牛粪炉子做饭一下子跳跃到煤气炉子，肯定经历了纠结、惶恐、困惑、痛苦。我不知道措姆一家在拉萨要待多长时间，最终是否能习惯拉萨，爱上拉萨，适应城市生活，留在都市，但他们一定会记住德央这样的好心人。

德央代表着文明社会，代表着具有普世情怀的万千众生，像观音菩萨一样，把爱的雨露撒向需要关爱的群体。

都市和草原似乎并不矛盾，只是需要爱的桥梁连接。

三 内地是什么样子

2013 年 5 月 20 日下午三点半，德央给我打来电话，说山南地区那个患病的孩子已经到了龙王潭公园北门，她一会儿赶到，让我先跟他们聊聊。

龙王潭公园其实就是布达拉宫后面那片古木参天、湖水荡漾的绿地。

走出位于布达拉宫附近的宾馆，赶到平时经常出入的公园东门，看见阿里一位熟人领着老婆、孙子逛公园，急匆匆打过招呼，指给我北门方向。公园内外鲜花盛开，柳絮纷纷扬扬、妩媚飘逸。还没有到北门，就见公交车站牌旁边站了好几个人，一位戴眼镜的年轻女子对我微笑，我知道他们就是山南来的患儿家属和陪同人员，人数有点儿多，一时辨不清到底有几个人。

患儿是 5 岁男孩旺堆，依偎在妈妈怀里，身体虚弱，脸色苍白。妈妈只有 26 岁，已经有一个 7 岁的女儿和 5 岁的旺堆，漂亮而焦苦的脸庞让人顿生怜惜。

我引领他们走到公园里面的甜茶馆，要了甜茶和炸土豆片，还特地给旺堆要了一瓶易拉罐饮料，这才发现少了两个人。戴眼镜的女孩告诉我，那是旺堆家在拉萨的熟人，担心他们不认识路，专程给他们引路的，看到我，心里踏实了，就忙自己的去了，晚上旺堆母子住他们家。

旺堆一直在妈妈的怀里，眼睛一会儿睁开，一会儿微闭着，我摸摸他的额头，有一种酸楚感，我清楚他的病症，一种可怕的疾病。

妈妈和一同来的顿珠几乎没有说话，她们不懂我的汉语，我也不懂她们的藏语，戴眼镜的女孩自然是翻译，她是一位热情的女孩。

女孩自我介绍，说自己叫达娃卓玛，拉萨本地人，从西藏大学毕业后，于2012年考上公务员，被分配到山南地区加查县安绕镇人民政府工作，年底到扎雪村驻村。扎雪村驻村工作组一共四名队员，全是女性。旺堆和爸爸、叔叔就是扎雪村村民，妈妈与爸爸离婚后，搬去在另一个乡的娘家，两地相距骑摩托车一个多小时的距离。

旺堆的爸爸和妈妈属于自由恋爱，妈妈以为爸爸结婚后会改掉喝酒、赌博、打架的毛病，谁知新婚两三天就恢复了原来的面目。妈妈在无奈中生下一个女儿，又生下旺堆。全家四口人只有爸爸一个人的耕地，没有牛羊马匹。两年前父母离婚，女儿跟妈妈回到娘家，旺堆跟着爸爸在扎雪村生活。旺堆总见不到爸爸，有时候到叔叔家吃几顿饭，实在饿得不行了就吃土。叔叔不是亲叔叔，是奶奶的养子。

旺堆也喜欢玩耍，跟着小朋友嬉闹，跑着跑着一头倒地，站不起来。邻居们看见了，找不着父亲的踪影，只好通知叔叔。叔叔和妈妈领旺堆到县医院检查，医生建议他们到山南地区医院检查，地区医院检查后，又让他们到拉萨的大医院检查。5月初，在妈妈和叔叔的陪同下到西藏人民医院检查，怀疑是急性白血病加营养不良，建议到内地医院治疗。医生把德央的电话告诉他们，德央接到旺堆妈妈的电话，火速赶到医院门口，交代要办理的三级贫困证明和家长身份证、户口本复印件，旺堆一家回去办手续，约定办完手续就去内地治疗。

这件事引起扎雪村村委会和安绕镇政府的高度重视，找不到旺堆的父亲，复印不了他的身份证，就复印了叔叔的身份证，意思是父母离异，旺堆由叔叔抚养。村、乡、县三级贫困证明，连同妈妈、叔叔的身份证、户口本复印件，旺堆的户口本复印件，请山南地委党校老师带到拉萨，送到德央手中。

德央计划让山南的旺堆和日喀则的朗加一同到成都治疗。

中华儿慈会西部儿童专项基金执行主任李哲为他们联系了成都妇女儿童医院，并请主治医生与德央取得联系。德央在微信上传去了两位患儿的相关资料，医生答应派车到火车站接站，李哲还在网上招募到成都会藏语的志愿者，担任患儿在成都治疗期间的翻译和力所能及的护理工作。

李哲在北京遥控安排成都的工作，德央在拉萨协调山南和日喀则两位患儿去内地相关事宜，原计划两家人于 5 月 20 日上午到拉萨，也就是今天，由我和德央带他们去火车站买票，乘坐今天晚上的火车去成都，日喀则朗加一家要到傍晚才能到拉萨，出发时间只能推迟到明天。

达娃卓玛告诉我，5 月 17 日安绕镇和村委会开会，安排旺堆到内地住院事项，既然苹果基金会承担住院费用，路费就由当地政府支付，并派达娃卓玛护送到拉萨；同时通知安绕镇在湖南学习的一位副镇长，5 月 22 日学习结束后，直接到成都接站和看望旺堆。政府还找到旺堆妈妈的一个远房亲戚顿珠，陪同旺堆母子一起到成都。顿珠显然比旺堆的妈妈更年轻，是一位少语而瘦削的小伙子，同样也不会讲汉语。

达娃卓玛一行四人为了省钱，乘坐大一点儿的轿车从山南绕小道到拉萨，300 多公里的路程花去大半天时间，一路颠簸很不舒服。大路是柏油路，但大路上设有口蹄疫检查站，也会耽搁时间。

甜茶喝到一半，德央急匆匆赶来。见到德央，旺堆妈妈露出少有的笑容，德央把旺堆拉到自己怀里，一边抚摸着旺堆的脸颊，一边交代明天在火车上的注意事项，并在一张纸条上写下成都妇女儿童医院主治医生的电话、日喀则患儿朗加父亲的电话和她自己的电话，吩咐她们有不清楚的地方随时电话联系。

旺堆妈妈收起纸条，对德央嘀咕了一句。德央停顿了一下，然后用藏语说着什么，末了，用汉语向我解释，她问内地是什么样子。

我也愣了一下，反问德央，那你说内地是什么样子？

德央说，她对旺堆的妈妈介绍，内地与扎雪村完全不同，有高楼大厦，人也比拉萨多，但别害怕，医生医术高明，有会藏语的志愿者帮助她们，说藏语的地方就是家乡。

安排完旺堆的事情后，德央告诉我刚接到自治区人民医院医生的电话，有一位出生 27 天的日喀则患儿在重症监护室，让她到医院看看，是否符合苹果基金会救治范围，五点半医院下班，最好在下班前赶到。

告别旺堆一行，我和德央赶到医院，正是下班时分，在住院部一楼的院子里，迎面碰上几位女士，其中一位个子高挑、面容白皙的中年女人，用汉语问德央，这个你们也管？

德央说，要管的。

还没走到住院部，德央举起手机正要拨打，一楼大厅门口站着一位 30 岁左右的女子，手里捧着几张白纸，白纸在空气中颤抖不止，见到我们，双手合十，有一丝笑容。

德央没有介绍自己，也没有介绍我，只问了一句，情况怎样？

乘电梯上到二楼儿科重症监护室，患儿的妈妈和外婆正在哭泣，患儿躺在有孔洞的玻璃罩里吸氧，很清醒的样子，脸上和头部满是褶皱。婴儿似乎望了我一眼，水灵灵的眼睛，异常明亮。

德央用手机快速为患儿拍了照片，走出病房。妈妈和外婆送我们到门口，妈妈在门口止步，外婆一直送到楼道大厅，双手放在胸前，竖起两个大拇指，泪流满面。

在二楼大厅，女人把白纸交给德央，一会儿用藏语交流，一会儿用汉语说话，我望一阵德央，再望一阵女人，大致搞清楚了患儿的基本情况。

出生 27 天的患儿还没有取名字，女人好像是患儿的姨妈，父亲在老家照顾老人。患儿是日喀则地区仁布县康雄乡人，在乡卫生院出生，三天后转到自治区人民医院，已经花费近两万元。诊断为新生儿吸入性肺炎，食道也有问题。治疗方法是禁食、补液，不能吃奶，但输液太多怕心脏承受不了。几位专家会诊后，建议转到内地医疗条件更好的医院治疗，患儿亲属已经联系好北京一家医院，决定明天乘飞机到北京。民航局要求医院开具证明，证明患儿能够断氧登机。

家属找到医院，医生说以前也开过转院证明，但从来没有开过这种证明。我、德央、患儿的姨妈一行三人来到医生值班室，向医生说明来意，交涉结果是明天一早找主任医师帮忙。

后来我得到的消息是，次日医院给民航局开具证明，并让家属携带氧气登机，傍晚时分抵达北京并住进医院。

德央向患儿的姨妈详细交代，到北京以后，及时告知医院账号和主治医生的联系方式，她要尽快给患儿转去治疗费用。

拉萨的白天有一些漫长，从医院出来天还亮着，我和德央在一家陕西面馆吃面，德央接到电话，日喀则朗加一家已经来到拉萨。德央放下碗筷出去迎接，我继续享用合口味的面食，喝完一小碗面汤，才去到对面的甜茶馆，德央正在向他们交代出行注意事项。

朗加是日喀则地区白朗县玛乡人，兄妹三人，自己排行老大，已经 12 岁了，还没有上学。肛门失禁七年，曾经做过四次手术未果，西藏各大医院都无法治疗，只能到内地医院救治。历次住院花费四万多元，农村合作医疗不能全额报销，借款至今没有还清。这次到内地治病，从亲戚家借了 3000 多元路费。找到当地民政部门希望得到帮助，被告知先去治病，回来后按合作医疗标准进行报销。

清早出门，步行到白朗县城，因为黑车便宜，便乘黑车到日喀则，每人 30 元，再搭乘日喀则到拉萨的班车，每人 90 元，父母和舅舅陪同朗加到拉萨，到成都只有父亲陪同。全家人没有一个会汉语，父亲不会打电话，勉强会接电话，德央一遍遍地教朗加的父亲拨打电话，我在一旁看着都着急。

朗加有一个大家庭，爷爷、奶奶、叔叔、姑妈加上他们，一共十二口人，只有八亩青稞地，耕地基本够一家人吃饭，牛奶、酥油可以自足。

不用一问一答，德央直接替他们回答了我想了解的情况。

拉萨市人民医院有一位医生叫次珍，算是苹果基金会的义务宣传员，得知老家日喀则患儿朗加符合基金会救治范围，主动把德央的电话告诉朗加的父母，又把朗加父母的电话告诉德央。德央打过几次电话，指导他们如何办理手续，并约定今天上午到拉萨，与山南的旺堆汇合后，晚上乘火车去成都，虽然紧赶慢赶，从家里到拉萨300多公里的路程，现在才到拉萨。

与朗加父母商议的结果是明天一早，德央和我一道为两家人购买火车票并送站。德央发短信把情况告诉北京的李哲，一会儿工夫，李哲回复德央，让她放心，成都妇女儿童医院会安排人到火车站接站。

从甜茶馆出来，夕阳已经染红了布达拉宫高高的金顶，月亮已经升上天空,这是西藏特有的自然景观——日月同辉,神奇美丽。

次日清晨，我被德央的电话唤醒，一看时间才八点五十分，德央告诉我两家人要买机票去成都，她开车还有一会儿才到，让我先去民航售票厅看看，有没有打折的机票。十分钟后，又接到德央的电话，说山南的旺堆乘飞机去成都，日喀则的朗加还得买火车票，两家人已经在民航售票厅门口汇合了。

我答应立即赶到。

宾馆楼下的商店已经开门，为两位患儿各买了饼干、饮料、炸土豆片，拎着两包食品来到民航局售票大厅门口，两家人或站或坐，面无表情，一副听天由命的样子。达娃卓玛的父亲也来送旺堆，朗加的舅舅没有来，去拉萨青稞酒厂上班了。只有达娃卓玛会讲汉语，我也只能向她了解情况。

达娃卓玛说担心旺堆身体虚弱，火车时间太长，万一在火车上摔倒起不来，麻烦就大了，向镇政府领导请示后，允许她们乘飞机。机票还没有买，等德央来了再确定。朗加和父亲只有3000多元路费,如果去内地乘坐飞机,回来的路费就不够了。

德央终于赶到，问明情况，又到售票大厅问了售票员，知道还有打折机票，觉得乘坐飞机比较划算，与两家商量干脆都乘坐飞机，成都方面也好统一接机。

差不多就要掏钱买机票了，朗加的父母说他们的行李还放在堆龙德庆县的亲戚家，乘坐公共汽车去堆龙取行李，再赶到这里乘机场大巴，起码也到中午时分了。德央一时无语，沉默之后，做出决定，旺堆家先乘飞机去成都，朗加父子乘坐明天的飞机。

我听得一头雾水，堆龙德庆县我比较熟悉，打车去那里顶多半小时，来去一个小时的路程怎么会耽搁一天时间呢?

我问德央是不是可以开她的车去取行李，德央说已经约好民族团结发展促进协会的财务人员，一会儿要去转账。

我说，那我打车帮他们取行李，你帮他们买今天中午的机票，两家人一同出发。

话毕，伸手拦住一辆出租车，讲好来回一百元，在朗加父亲上车还是母亲上车的细节上，我发现父亲没有反应，母亲似乎明白要赶时间，跟我上了出租车。出租车直接开到堆龙德庆县城一栋三层小楼前，楼上楼下没有一个人，朗加的妈妈上到二楼靠边的一户人家，门开着，她扛出来一个很重的编织袋放到出租车后备箱里，再次上楼，又扛出来一个巨大的提包，我以为没有东西了，正要合上后备箱，她说了一句什么，我没有领会。

司机问我，你们这是干什么呀，拿这么多东西？

我说，要去内地给孩子治病。

司机惊叹，去内地至于拿这么多风干肉、青稞面吗？内地还没有饭馆呀！哎呀，还有青稞酒哩！

说话的当儿，朗加妈妈又拖出来一个拉杆皮箱，怀里还抱着两罐两公斤装的饮料瓶，瓶子里是自家酿制的青稞酒。

赶紧让她坐上车，开出一程，我给德央打去电话，说 20 分钟后赶到。

到了售票厅门口，两家人的机票已经买好了，当天中午的机票，德央跟李哲联系，确定了接机事宜，并商量请李哲帮忙解决朗加父子返回西藏的路费。

德央在两张 A4 打印纸上写下大大的“成都妇女儿童医院”

的字样，并在右下角写上两位主治医生的电话和双方家长的电话，旺堆妈妈和朗加父亲各拿一张。

德央一再叮嘱旺堆的妈妈、顿珠和朗加的父亲，上飞机前关闭手机，下飞机后打开手机；两家人不要走散，如果走散了，按照写好的手机号码联系对方；出机场的时候举起白纸，有人接机。

上机场大巴的时候，忽然发现朗加的父亲怀里抱着那两罐青稞酒，喝得脸红通通的。我笑着对他说，飞机上不让带酒。他似乎没明白我在说什么，对着酒瓶又喝了一大口。

德央对我说，他心里难受，想喝就喝吧。

我说，喝醉了就登不了机了。

德央说，自家酿的青稞酒度数不高，没事。

达娃卓玛陪同两家人一起到机场，几分钟后，机场大巴消失在拉萨的和风与垂柳间。我长叹一声，问德央，你天天为这些琐事忙碌，图什么呀？

德央笑着说，这是我的工作嘛，做这种事儿，比到寺庙磕头烧香祈求福祉实在，其实也是积德行善。王秋杨还是汉族人，她创立的苹果基金会远在北京，还得到成龙基金会的支持，有这么好的基金会和好心人帮助西藏，为西藏贫困儿童解除病痛，每一位西藏人都应该感激和保佑他们，本人只是一位执行者，虽然辛苦，内心非常踏实。

晚上六点，德央发来短信，成都妇女儿童医院已经接到两家人，两位患儿情况正常。

2013 年 8 月 30 日，写完以上文字，给拉萨的德央打去电话，询问相关情况。德央告诉我，截止目前，今年已经经手办理了近 60 位大病患儿的手续，200 万元一旦用完，成龙基金会会继续注入资金。

她还告诉我，山南的旺堆还在成都治疗，已经是第四次住院，每一次出院中间间隔一两周，一直在成都待着，有志愿者陪伴，时不时送一些玩具和零食。旺堆的病情有所好转，但不太稳定，化疗以后会发高烧，已经转去十多万元医疗费。

朗加在成都妇女儿童医院做完手术后，病情有所好转，但没有根治，需要做一些康复性锻炼，总费用不到五万元。医院派车送他们到机场，父子俩自己买机票，已经返回西藏。

那位送往北京治疗的婴儿，最终没有治愈，返回家乡两三天后就夭折了，苹果基金会为其落实四万多元住院费。

四 春意拉萨

其美，在苹果基金会2013年贫困家庭儿童大病救治统计表中,排序第十四位。其美与父母和弟弟住在拉萨市一栋居民楼里，楼房是筒子楼，厨房和卫生间统一在楼道。从一楼到五层顶楼都是细钢筋栏杆，不像稍微讲究的房屋，栏杆是封闭式水泥砖混结构，楼梯还是外楼梯，整栋楼给人一种强烈的透视感。

站在楼上一眼就能看见正北方向的布达拉宫、东北方向不远处的大昭寺，从楼上俯瞰天井式的院落，院落里停放着几辆低档小汽车、摩托车，晾衣绳东西南北中，横亘在自由里，几位妇女集聚在开放式水龙头边洗洗涮涮。眺望而去，修房建屋，汽车流动，声音嘈杂，有一种忙碌和雾腾腾的感觉。如果没有布达拉宫和大昭寺金光灿灿的佛塔金顶，没有朝圣者的虔诚匍匐，没有桑烟里飘浮着的西藏味道，会觉得置身之处不是圣城拉萨，而是任何一座烟火气息浓郁的内地城市。

其美一家四口住在四楼一间房子里，中间用布帘隔开，外间放着一台缝纫机，里间两张一宽一窄的床相对放着，两张床中间有一个茶几样的藏式小桌，墙角立着一个简易柜子，柜子上的八宝彩绘已经褪色。

从上到这栋楼房，一直到进入其美家，感觉不像在都市，而像在某个简陋贫穷的小城镇。多年来总在拉萨的大街小巷游荡，有时候有目的，有时候毫无目的。临街的建筑高大、洁净、规整，卖藏面的餐馆，卖氆氇的小店，安安静静的甜茶馆，或者什么也不卖，就是厚重的石头房屋，有一种固若金汤的印象。其美家居住的楼房位于拉萨市中心，却没有富贵、豪华的安全感，多的是简单、简易、单薄，空气中似乎都飘荡着寒酸。

想象中的都市贫民窟应该是低矮、昏暗、脏乱差的景象，其美家租住的楼房应该算是当代都市贫民窟吧，外观上整齐干净，内容却异常低廉。

其美于 2006 年出生在那曲地区江达县，一岁以后随父母到拉萨，父亲靠做门帘、窗帘维持一家人的生计，妈妈帮着缝个边儿什么的，每月收入 1000 多元。房租每月 260 元，加上水电费、手机费每月开支 480 元左右，有时候老家来人，会带一些牛羊肉、酥油和糌粑。

三年前其美在三楼玩耍，把头伸到栏杆外探望，手没有抓紧栏杆，从三楼摔了下去，脑子里有一些积血，左脚跟不能着地，左胳膊有些下垂，蹲下有些困难，大小便不能自理。三年来为了给其美治病，跑遍了拉萨市大小医院，包括部队医院和藏医院，见效甚微，内借外贷一共花掉十三万元。

其美家有一个老式收音机，手掌般大小。2013 年 3 月的一天，其美的父母一边缝门帘，一边听收音机，一条消息令他们停下了手中的活计，原来是西藏人民广播电台播放的北京苹果基金会免费救治贫困儿童大病的消息。消息很快播完，两人继续忙碌，若有所思。天底下怎么会有这么好的事啊？为了女儿早日康复，不但去医院求过医，还到寺庙磕过长头，拜过菩萨，上过香，诵过经，菩萨、喇嘛都没有能力救治女儿，怎么会有世间凡人为女儿免费治病呢？怎么听都觉得是谎言！

有意无意间，每天同一个时间段，打开收音机，总想再次听到那条消息，几遍、十遍、十多遍，终于，他们用手机记下了广播中提供的联系电话。拨打电话还是不拨打，小两口纠结了好几天。如果是骗人的消息，也不会在广播电台播放，况且是用藏语播报的，藏族人总不会堂而皇之地欺骗藏族人吧。

试着拨出电话后，是德央接的电话，温和的语调，亲和的藏语，一下子打消了其美父母的顾虑，见到德央本人，他们才相信俗世间真的有好心人，有佛祖、菩萨、度母一样的救世主。

我和德央一进门，其美从小桌一侧一颠一簸地绕到德央跟前，叫德央妈妈。

我以为听错了，问其美的妈妈，她叫德央什么？

其美的妈妈能听懂一些汉语，但不会用汉语表达，她用藏语解释，通过德央翻译，说其美还搞不大清楚妈妈是什么意思，觉得对她好的女人都是妈妈。

德央告诉我，西藏人民广播电台空中医院、音乐之声、康巴语频率等栏目免费为苹果基金会做广告，应该感谢副台长格桑，他也是基金会的铁杆志愿者。空中医院栏目经常请一些专家与主持人对话，在节目中进行病例分析、空中会诊。

其美家一个熟人的孩子也是摔伤，到内地花了三十万元才治好的，回来后教给其美一些康复动作，7 岁的小姑娘其美天天用右手搓着左手、左腿、左胳膊，我和德央到她家，她也没有闲着，不停地揉搓左手。

能够治愈女儿疾病的希望再次点燃，从 3 月到 5 月，其美的父亲一直忙着回老家办理相关手续，由于村委会没有公章，想请村长在贫困证明上按个手印，成龙基金会要求严格，这个想法只能落空。奔波数日，拿到了乡政府和县民政局的证明，似乎还是得不到北京方面的审批，而没有苹果基金会的审批，就得不到资金扶持，自然入不了院。

这几天，其美的父亲再次回老家，争取拿到村委会正规证明，并探望年迈的老人。

其美的妈妈不会讲汉语，父亲会一些，勉强能与汉族人交流，如果送其美到内地治疗，只能由父亲陪同。北京协和医院医疗条件很好，但考虑到路途遥远，又难以找到懂藏语的志愿者，只能在成都就医。

2013 年 6 月，所有手续齐全，其美在父亲的陪同下前往成都，在成都等待一个多月后，终于住进一家康复医院。其美的父亲在电话中对德央说，哪怕等待一辈子，也要治好女儿的病。

其美入院以后，做过一次腿部手术，术后进行康复治疗，目前病情有所好转，大约要到年底才能返回西藏。

2013 年 5 月 22 日，是我离开拉萨回内地的前一天，这一天通常忙碌。

一大早就把无力随身携带的衣服、资料送到邮局寄走，拉杆箱里装了一个朋友送给我的象泉河石头和洗漱用品。出了布达拉宫附近的邮局，到步行街宇拓路新华书店买了一本我的《阿里阿里》，打出租车前往堆龙德庆县。

三年前的 2010 年初秋，作为中国作家协会首批定点深入生活作家，到这个县生活过一段时间，住在县委、县政府援藏

回到内地，经常想起西藏，想起西藏遇险经历，这次高原反应也算危险之一。

干部楼里。这里的援藏干部来自北京，还有医生和律师，一张桌上吃饭，一栋小楼居住，彼此比较熟悉。

记得一次深夜高原反应严重，一位藏族医生和一位汉族医生带来蓝色氧气袋和药品，给我吸完氧、服完药以后，我问他俩，我会不会死？医生说，已经脱离危险了。并告诉我现在是凌晨四点。

回到内地，经常想起西藏，想起西藏遇险经历，这次高原反应也算危险之一。

我在微笑中来到堆龙德庆县委县政府，三年时间，大院里盖了一栋新楼，原来的水池子变小了许多。

我忘记了常务副县长和副县长的名字，只记得都姓刘，办公室主任听了我的来意，笑呵呵地从电脑里调出两位领导的照片让我辨认，我一眼就认出了两位邻居，给常务副县长刘学勇打电话，他正在北京出差，办公室主任向县委书记于海波通报以后，于书记非常热情地迎接我，并与我聊起了天，我把书送给他，他向我表示感谢，邀请我一起吃午餐。

于书记是第六批援藏干部，而不是搭救我的第五批援藏书记，当时，两位书记处在工作交接中。

于书记说西藏与北京相比，政治生态简单，应酬少，时间充裕，三年间他已经读了一百多本书，聊天的间歇他给刘副县长打电话，高声说，你们家来客了。

几分钟后刘副县长来见我，开玩笑道，书记说我们家来客了，那肯定是大家的客人。

这个时候德央打来电话，说嘎玛贡桑统建社区有一个患儿，她要去那里探望并收集资料，问我去不去。我答应肯定要去的。

向于书记他们表示了谢意，办公室派车送我去拉萨，来到统建社区大门口，在一个警民执勤点坐着歇息，等待德央的到来。正午时分，德央开着她的银色小汽车赶到，我们一同去见一位叫吉美的小伙子，他在社区里面办了一个幼儿园，一共有85位幼儿，去年才由国家统一给老师发工资，在此之前的几年，所用费用都由个人筹集，他们有一个基金会，叫雪莲花基金会。幼儿园只有几间房子，玩具、图书、电视等由全国各地爱心人士捐赠。其中一个机构为他们捐赠大米，每个月一千斤，他把大米分给每位幼儿，每人十一斤，家长定期来领。

吉美是一位瘦瘦高高、留有胡须的年轻人，很有亲和力，一副温文尔雅的样子。就在几天前，他在微信上看到本社区借住着一位患儿，看望以后，发现他们基金会无法救助，就联系到德央，希望苹果基金会给予帮助。一位叫吉美玉珍的女孩带患儿去西藏藏医院看病，做了 B 超，拍了 CT，藏医院建议到其他医院治疗。玉珍是西藏大学三年级学生，是一位非常阳光的藏族女孩，雪莲花基金会的志愿者。

我和德央随吉美玉珍来到患儿借住的地方。患儿是一位 9 岁女孩，从出生到现在，没有站立行走过，没有说过话，躺在床上一个劲地乐着。我们的到来引来房东和邻居的围观，女孩的妈妈抱着 2 岁的儿子一脸茫然。

妈妈的老家在昌都地区察雅县烟多镇牧区，妈妈在少女时期就在拉萨当保姆，与父亲相识后生下女儿，过了几年又生下儿子，后来父亲就杳无音信。母子三人居无定所，连投亲靠友的地方都没有，只能靠好心人接济，在拉萨能生存的地方游荡着。

房东的儿子是一家咖啡店的老板，在微信上看到母子三人需要帮助，就把她们带回家，暂时住在二楼阳台的沙发上，上面绷一块床单，算是屋顶。房东一家没有意见，但他们家收养了几十年的两位尼姑不乐意了，小男孩不但调皮，还吵闹得厉害，打破了尼姑安静的生活。

房东的儿子把患儿一家的生活状况拍成照片，附上文字，传到微信、微博上，关注者越来越多，吉美就是从微信上知道的。

通过了解，患儿妈妈只有身份证，没有户口本，患儿和弟弟也没有户口，女孩患的可能是小儿麻痹症或癫痫病。德央和吉美商量后做出决定，妈妈带女儿回昌都老家办理户口本和三级贫困证明，儿子由吉美领到幼儿园照看。

离开房东家之前，我爬上二楼阳台，看一眼母女三人晚上睡觉的破旧沙发，有一种奇怪的感觉：这种居无定所、无收入、无亲人朋友的人，是怎么生活在这个世界上的？几年来，随着对西藏的逐步了解，发现这样的人不在少数，他们不但生存着，生存得还很快乐。这使我对藏民族非常敬佩，藏民族是一个乐善好施的民族，只要有藏族人生活的地方，布施与乞讨就存在，而且成为一种光明正大的行为，一种对等关系。

离开西藏，总是惦记着那些患儿，打电话询问这位女孩的治疗情况。德央告诉我，自从在微信、微博上宣传这家人以后，得到更多人的帮助和捐赠，在收到十多万元捐款以后，母子三人像她们家的男主人一样，消失得无影无踪。

这是后话。

话说从患儿借住的房东家出来，着实有些饿了，玉珍走着走着就和我们道了再见，吉美、德央和我走进一家小餐馆，要了藏面和酥油茶，边喝酥油茶边采访吉美，了解雪莲花基金会和西藏其他基金会的情况。藏面还没有端上桌，手机就响了。对方是我要拜访的一位藏学专家，他在娘热乡民俗文化村闭关修行——闭关期间的高僧大德和信徒一般不见外人——已经联系过好几次都被拒绝了，现在愿意见我是一件荣幸的事。

藏面端了上来，只喝了一口面汤，鲜美极了。关掉录音笔，合上采访本，对吉美和德央说了一声对不起，起身想走，发现自己已经站不起来了。

右手握着手机，左手放在胸前，抚摸着胸口，静静地呼出一口气，自言自语道，好累哦！

弯腰，用力，再次站起来的时候，左手从胸前移到眼睑，抹掉刚刚流出的泪水。

从市区打出租车前往娘热乡的路上，阳光普照，柳絮飞舞，蜜蜂、蝴蝶萦绕花间，五月的拉萨还在春光里，春意盎然，暖风习习，是一年中最惬意的季节。美好的年华遇上美好的拉萨，为甜美增添了喜庆。

我在幸福的春天徜徉在幸福的拉萨，行走在春天的路上，讴歌着春天的事业，书写着春天的文字，快乐着春天的快乐，充实而幸福。

边境女孩

一 楚鲁松杰的孩子

札达县像西藏阿里地区其他六个县一样，没有高中，只有一所九年一贯制学校和几所小学及教学点。

九年一贯制学校一侧靠近千年古寺托林寺，一侧面向宏伟的札达土林。在校园里，我见到了两位楚鲁松杰女孩，她们是初中三年级的白玛卓玛和仓决卓玛。

白玛卓玛家有七口人，爸爸妈妈和她们兄妹五人，她有两个姐姐、一个妹妹、一个弟弟。爸爸妈妈在家务农，种些青稞、油菜、黄豆、豌豆、土豆、小青菜，平时吃糌粑和米饭，大米是印度商人运来的。家里有三四头牦牛、两匹马，没有羊，用牦牛奶做酥油茶和奶渣。马匹主要用来驮运东西，充当交通工具，每次回家或返回学校，要骑一阵马，骑到能通汽车的地方就不骑了。

白玛卓玛的一个姐姐在天津南开大学附属中学读内地西藏班，上高二，已经两年没有见到这个姐姐了，实在想念她的时候，打个电话，发发短信，一般不写信。另一个姐姐在日喀则上高一，妹妹在香孜乡完全小学读六年级，弟弟也在香孜读四年级。

她说自己的运气特别好，2005 年夏天，楚鲁藏布上的堰塞湖决堤，冲毁了村庄，还冲走了楚鲁松杰小学。当年 9 月，北京苹果基金会修建的新学校正式启用，她成为这所小学的第一批学生，当时全校 28 个学生。学校什么都是新的，教室还有窗户，窗户是玻璃窗户，第一次坐在有玻璃的房间里，好明亮啊。课桌椅子是新的，还有校服，还用上了电，回家看着飘忽不定的酥油灯，还有些不习惯。

后来，学校的图书室里有一本书，书里有一位姐姐，穿着红衣服，头发长长的，特别漂亮，老师告诉她们，学校就是这位姐姐帮助修建的。从那个时候开始，就特别想见到这位姐姐。今天早晨下第二节课，老师告诉她苹果基金会的人要来看她们，她就想是不是这位姐姐要来，她就一直盼着，见到姐姐一定要对她说谢谢。她上的第一所学校是这位姐姐修建的，读的第一本课外书籍是姐姐送的，穿的第一件校服是她给的，她还给村民送去了药品和糌粑。

白玛卓玛说，从小学到现在她学习都比较好，一直很努力，就是想报答姐姐的恩情，她修建学校的时候，肯定希望所有的学生都好好学习，所以不能辜负姐姐。

她在本村小学读完一、二年级，三年级到香孜乡完全小学读书，初中考到札达县九年一贯制学校，高中想考到自治区外读书，最好到成都上高中，但成都好像不招收这里的学生，如果考上拉萨市北京中学也可以，大学肯定要上的，希望以后在拉萨教书，当一名伟大的教师。

最想去的地方是北京，听说那位姐姐就在北京工作，想象北京很大，有天安门和长城，还有很古老的房屋，听说以前皇帝就住在那里。北京的阳光一定很明媚、很灿烂。

白玛卓玛说，楚鲁松杰苹果小学现在有十个学生：一年级七个学生，二年级三个学生。

仓决卓玛也上初三，家里有五口人，爸爸妈妈在家务农，有一些耕地、三头牦牛、两匹马。两个妹妹都在九年一贯制学校读书，一个上五年级，一个上三年级，爸爸妈妈希望再生一个男孩。在村里的时候，晚上能看见印度兵的手电筒一闪一闪的，白天看不见。虽然离印度兵的哨所很近，但不害怕，因为经常能看到解放军在边境巡逻。解放军有时候会借住在学校，帮学校打扫卫生，教学生认识汉字，给大家讲故事。

周末的时候，仓决卓玛帮两个妹妹洗衣服、洗澡，暖和的时候把衣服拿到象泉河洗，对于喜欢原野的她来说是一件轻松快乐的事儿。学校一年放一次假，暑假可以回一次家，冬天大雪封山回不去。回家的时候县教育局用车送，能送多远是多远，路况好的话能一直送到家。在这里上学也有烦闷的事儿，学校只在过节的时候排练节目才能唱歌跳舞，还不让看电视。

高中希望能考上内地西藏班，以后想在札达县城工作，当一名威风凛凛的女警察，回报父母的养育之恩。人人向往拉萨，但那地方太远了，如果在遥远的地方工作，照顾不了父母。

仓决卓玛曾经一个人去过两百多公里外的狮泉河镇，配了一副眼镜，这是她去过的最远的地方，狮泉河镇、札达县城、楚鲁松杰三个地方相比，她更喜欢楚鲁松杰，家乡不但有绿色的河流，还有绿色的树木。

在我和两位女孩聊天的时候，白玛卓玛一个劲地张望不远处我的同行崔杰和尚方，眼神里全是期盼，我看出了她的心思，对她说，帮你们修建学校的那位姐姐叫王秋杨，她没有来。

尚方给她俩各一百元钱，又把名片留给她们，叮嘱她俩，考上高中以后，记着给我打个电话，有什么困难就说，我们会尽力帮助，如果能考上北京的学校更好，在北京就算有个家了，苹果基金会就是你们在北京的家。

告别白玛卓玛和仓决卓玛，傍晚时分，又见到了两位已经工作的女孩，楚鲁松杰是她们共同的家园。

二　500 多村民，200 多学生

次仁德吉在札达县委组织部工作，刚参加工作几年的她，已经是组织部的骨干力量。

她说家乡楚鲁松杰离县城 320 公里，平均海拔 4100 米以上，因为特殊的地理位置、落后的交通条件，备受外人关注。

爸爸今年 53 岁，妈妈 61 岁，楚鲁松杰人一般在内部之间结婚，很少与外面的人成亲，父母算包办婚姻。小时候父母把女儿指给谁，长大以后就跟谁结婚，现在这种情况少一些，一妻多夫、一夫多妻也少了很多，大部分是一夫一妻。

爸爸妈妈没有上过学，爸爸跟着懂藏文的人学过一点儿藏文，能够用藏文念经。村民信奉佛教，村里有小型的寺庙，也就是拉康，有一个稍微大一点儿的寺庙，只有一个僧人，拜佛的人不多。

次仁德吉家有六个兄妹，全都上过学，次仁德吉是老二，1981年出生。姐姐小时候在家帮父母承担家务，后来到塔尔钦冈底斯藏医学校读了六年书，现在在曲松乡当藏医，属于公益性岗位。老三是个男孩，在狮泉河当兵。老四在拉萨一所职业学校上学。老五在成都上大学。老六在武汉内地西藏班上中学。村子里学习风气很好，长辈们读书少，从自己这一代开始基本上都读书，就像竞争一样，别人家孩子考上什么学校了，自己家也要考出去，小时候一起玩耍的伙伴大部分都在外面工作。

次仁德吉8岁上学，就在本村上的一、二年级，教室是土木结构，在楚鲁藏布边上，地势较低。当时学校有两位老师，桌椅是木头桌椅，摇摇晃晃的，校门上挂的牌子也是木头的，好像是随便写的一个牌子。小学的时候很少见到铅笔，写字也没有作业本，作业本就是一个木头板子，用清油涂一层，把竹子削尖在木板上写，过一段时间，再用清油涂一层，木板被反复使用。

三年级以后到县九年一贯制学校读书，高中在拉萨中学就读，从西藏大学环境科学专业毕业。从小学三年级到上大学，每次出村的时候，都是父亲护送。一人一匹马，骑两天马到曲松乡，县教育局用大卡车来接，坐上卡车后，父亲骑一匹马，牵一匹马返回村子。

九年一贯制学校一年放一次假，第一年 9 月上学，一直到次年 7 月才能回家。回家的时候，教育局用卡车送到曲松乡，乡上把电话打到村上，家长们骑马来接。是那种摇把子电话，两四两四四四拐的那种。有时候要在曲松乡等十几天，住在曲松乡小学，自己带被子，走到哪里住在哪里。

2005 年回了一趟家，还没有进村，就看见新学校非常醒目，位置比较高一些。村里其他房子都是土坯房，只有学校是现代化建筑，进村以后，大家纷纷告诉她，有一个北京女人来到村里，给村民送药送粮食，送脸盆毛巾，新学校里什么都有:课本、作业本、课外阅读书籍、文体用品。以前作业本、课本一年买一次，用完就没有了，铅笔很短还在用，现在学校配置很齐全。好像基金会还给学校安装了发电机，是村子里最早用上电的地方。

那一年，恰好最小的弟弟，也就是现在在武汉内地西藏班读书的弟弟，就在新修的苹果小学上学，看见弟弟背着新书包，穿着新校服，戴着红领巾，跟画册上的孩子一样漂亮，心里特别高兴。

次仁德吉小时候想当一名医生，学藏医，印象中妈妈一直在生病，这几年好多了。

2005 年从西藏大学毕业以后，被分配到革吉县工作，2007 年回家探亲时认识了现在的丈夫，当时他在曲松乡当副乡长。丈夫是昌都人，从厦门工业学校毕业后分配到这里工作。结婚后生了一个孩子才从革吉县调到札达县，现在有两个女儿，不打算再生了。

2012 年 9 月，楚鲁松杰撤村设乡，丈夫担任楚鲁松杰乡乡长，2012 年 11 月大雪封山前进去，到现在都快半年了，还没有见过面，还好，现在通讯方便，一两天打一次电话。把父母从楚鲁松杰接到县城，帮着照顾两个孩子。

以前村里没有计划生育，也没有计划生育的医疗条件，家里孩子普遍多，最多十二三个，最少也有五六个。现在每家最多只生三个孩子，计划生育成为一种时尚。有一些重男轻女的思想，但生下女孩还得养着。现在村里常驻人口不多，一般都是与她父母年龄相仿的人还在村里，年轻一些的都外出工作或搬迁到城镇生活，村里孩子越来越少，学校招生有减无增。

次仁德吉说，楚鲁松杰是一个奇怪的地方，学习成绩名列全县前茅，全村500多村民，123户人家，在外工作的有60多名干部职工，从小学生到大学生，一共有200多人。好多省的内地西藏班都有楚鲁松杰的学生，从楚鲁松杰考出去的学生个个出色，在整个阿里地区都是一张响当当的名片。

这与地处边境，从小受到国外商人信息传递，和后来北京苹果基金会带给村民的现代文明、人文关怀有着千丝万缕的联系，文明和进步像太阳和月亮，人人喜欢，令人向往。

尽管如此，通往楚鲁松杰的道路依然困扰着村民。

每年6月，县政府、乡政府、部队组织推土机、挖土机推雪除冰，6月底才能通车，雪小一点儿的时候，5月底也能通车，通车的几个月时间里，经常遭遇塌方泥石流，修通了堵住，堵住了又挖开，就像脸上的护肤膏，涂了洗，洗了再涂上。自从小学三年级外出上学到现在，这条路似乎就没有畅通无阻过。好不容易修通，一场大雪又封住了。村民只能在夏季通车的时候外出购买物品，做生意办事，其余大部分时间就待在村子里。

楚鲁松杰乡有四个村，没有设立乡的时候是四个村民小组。有纯牧区，也有半农半牧区，现在还流行物物交换，牧民用酥油、奶酪交换农民的青稞、豌豆、黄豆、土豆，这几年农区推广种植经济林，还种苹果树，产量不高，很少售卖。

往年与印度商人交换物品，每年商人来两次，夏季一次，秋季一次。印度人鼻子挺挺的、高高的，很有立体感。来的时候一般是四五个人，一次带十多头大牲口，有马匹、骡子、驴，来的时候驮大米、面粉、红糖、白糖、香烛、宝石手镯、手表等物品，手表是英国生产的那种，看起来比较精致；用这些东西交换村民的酥油、奶酪、皮子、青稞、糌粑、黄豆、豌豆等。农区产油菜，所以一般不交换菜油。

第一次换不到理想的物品，或者村民欠了他们的东西，下一次再补上，不会发生纠纷和矛盾。2012 年，不知道什么原因，印度商人不来了，县政府、乡政府送一些大米、面粉给村民。

听父母讲，他们小的时候那边有人半夜过来偷牛马，会感到害怕；1985 年村子解放以后，也就是民主改革以后，再也不害怕了。

次仁德吉小时候在山上看见过印度兵，大胡子，个子很高，在卡子上走来走去。村民的牛或马跑到他们那边，就请村里年长的人去要，年长的村民会讲一些印度话，向印度兵说明来意，就把牛马撵回来了。黄羊、盘羊和狼有时候在中国这边，隔几天又跑到印度那边，悠闲自得，自由出入。

以前，村民患了重病，比如水肿病等，实在无药可治，就请印度商人从印度兵那里要一些药，不付钱，有时候能治好，有时候病情会反复。这几年，苹果基金会在地区和藏医学院培训了村医和接生员，还赠送药品，村里终于有了自己的村医和接生员，方便村民就医。楚鲁松杰虽然地处边境，人口不多，但只要说起北京苹果基金会，男女老少无人不知，无人不晓，甚至连印度商人和印度兵都知道有一个北京女人，不但年轻漂亮，而且把慈善做到了中国西藏边境地区。

次仁德吉感叹道，万里之遥的汉族人都关心边疆医疗教育事业，土生土长的当地人，有谁不热爱自己的家乡，不热爱自己的祖国，不感谢汉族人的支持呢?

以前老百姓非常辛苦，早早起来到田埂拔草锄地，给田地灌水。早上起来吃一点儿饭，一直干到天黑，中午吃一点儿带到田间地头的糌粑。有时候邻里之间也吵架，谁家牲口吃了谁家青苗，谁家截了浇地的水源，吵架归吵架，从来不记仇，更不会动刀子。村里最大的特点是不丢东西，没有偷盗现象。

老式房屋四周没有窗户，屋顶开一个脸盆大小的洞，用来采光，下雨、下雪的时候，用柴草盖住采光孔，点上油灯，房子就不会太暗。

村民还养马、骡子、驴、牦牛，不养猪和鸡。几家人集体放牧，也有单家独户放的。夏季去夏牧场放牧，一去两三个月，去的时候带点儿糌粑、菜油，放牧的时候挤点儿鲜奶，做点儿酥油、奶酪，几个月就这样过去了。冬天要把牛马圈养起来，吃夏天割回来的牧草。

从前运输主要靠马匹、骡子、驴、牦牛，现在全乡有十多户人家有私家车，摩托车比较普遍，手机、座机很普及，村里的信号比较好，出了村就不好了。私家车用来拉货物、跑运输、修水坝、修公路、修房屋，还承揽草场围栏工作。近年来，政府安居工程力度很大，加之 2005 年堰塞湖决堤，冲毁了许多房屋，现在村里很少见到土房子了，家家户户建起了新房子，水泥结构，经久耐用。

冬天取暖，有条件的家庭夏季早早从地区或县上拉来焦炭；没有条件的，用牛粪、羊粪取暖，木柴用得不多。

三 珍贵的女孩

仁青卓玛比次仁德吉更年轻一些，精干又漂亮，在札达县国土资源局工作，仁青是珍贵的意思，仁青卓玛就是珍贵的女孩。

珍贵的女孩生于1987年，兄妹八个，三男五女，她是家里老大。八个孩子基本上相差一岁多一点儿。一个弟弟小学毕业后在家干活，一个弟弟大学毕业后在日土县当村官，她和这个弟弟同年上学，同年参加工作。最小的弟弟很小的时候得了病，说是结核，村里没有条件医治，大雪封山又无法送到医院治疗，后来就站不起来了。2005年王秋杨、于露、阿旺多吉验收楚鲁松杰苹果小学的时候，见过母亲和最小的弟弟，还拍过照片，收录在王秋杨的旅行笔记《极度体验》中。弟弟现在已经十多岁了，天天坐在轮椅上。

其他几个妹妹，一个在日喀则上高三，一个在天津内地西藏班读高二，另外两个妹妹在东北辽阳内地西藏班上初一。

仁青卓玛说，楚鲁松杰小学原来有一、二、三年级，后来只设一、二年级，她的一个叔叔是学校的老师，后来调到日土县当小学老师，叔叔算是中专学历。

仁青卓玛在山西大学附属中学内地西藏班读完初中和高中后，大学考上了吉林大学土地资源管理专业。初中一般上四年，一年预科，三年正式初中，全班同学都是阿里地区的学生，藏文是主课之一；高中同学来自西藏七个地市，藏文不是主课。

大学时班上有两名藏族学生，另一位是拉萨的男生。土地资源管理偏文科，全班二十多名学生，只有八名男生，号称“八大金刚”。无论寒暑假她都回不了家，同学之间关系非常融洽，开学以后，同学们从家乡带来各种好吃的给她。没有汉族男同学追求她，藏族男孩子和汉族男孩子一样，比较喜欢汉族女孩子，觉得她们白皙漂亮，说话声音嗲嗲的好听。拉萨的那位男生黑黑的、高高的，很有男人味儿，一位北京的女同学特别喜欢他，毕业晚宴还让他们喝了交杯酒，但谁都清楚是闹着玩儿的，不可能走进婚姻殿堂。

大学毕业一年半了，只有两位藏族同学和另一位汉族同学参加了工作，其他同学有的在读研，有的处于待业状态。相比之下，藏族学生不大愿意继续深造，大概与离家太久有关，更愿意成为公务员，藏族人一向把进政府部门工作当作荣耀的事儿，不大愿意做生意。她一毕业就被分配到县国土资源局工作，专业对口，一学就懂，工作非常顺心。

上初中的时候，她和在日土县当村官的那位弟弟一个班，高中时弟弟考上了湖南岳阳内地西藏班，大学也是在湖南上的。西藏的学生实行九年义务制教育，这几年政策更好，实行十二年义务教育，也就是说，从小学一年级到高三毕业，学生在校期间，包吃包住包校服，这方面负担不重，比较大的支出就是路费。国家对西藏政策特别优惠，对西藏教育支持力度特别大，藏族人不管生多少孩子，都能养得活，读书其实可以减轻家庭负担。父母以务农为生，父亲因为当村支部书记，每年有7000 多元工资。她和弟弟的大学费用都是贷款，读 4 年大学她贷款 24000 元，还没有还清，以后几个妹妹上大学还得贷款。

初中四年和弟弟一起回过一次家，高中三年回过一次，大学毕业才回家，从到内地上初中到大学毕业十一年间，一共回过三次家。高中、大学七年时间里，和在湖南上学的弟弟只见过两次面。这种现象在内地西藏班学生中很普遍，有些孩子因为忍受不住远离亲人的折磨，会出现一些状况。

仁青卓玛和弟弟同时参加工作，刚工作她就贷 25 万元，加上几位叔叔帮助，在狮泉河镇为父母买了套房子，父母带着最小的弟弟生活在那里，夏天回楚鲁松杰种地，大雪封山之前赶到狮泉河，在狮泉河过冬。她贷款的初衷是想把弟弟送到成都治病，但觉得先在地区安个家，离医院近，说不定有机会能治好。现在她每月 4000 多元工资，还 2000 元贷款，大约 10 年能够还清贷款。她有一个男朋友，算不上初恋，男朋友家的条件要好一些。

在外地上学的时候，给父母写过信，有时候要一年才能收到，她把信寄到地区医院的叔叔那里，有工作组到楚鲁松杰或回家乡的人，请人家把信捎给父母。后来村里有了苹果小学，学校装了电话，父母骑马一个小时到学校，一个月给她打一次电话，她无法主动打给父母。

他们家在楚鲁松杰条件算好的，父亲是老大，两个姑姑都在楚鲁松杰，家境都不错，三个叔叔都在外面工作：一个在地区小学当美术老师；一个在地区医院工作；另一个叔叔原来在楚鲁松杰当老师，后来调到日土县小学。这个叔叔汉语、藏语都很好，他的学生好多都考上了名牌大学，参加工作的也很多。叔叔调离楚鲁松杰苹果小学后，外来的公办老师待不住，学生学习成绩明显不如以前。这几年老师都是本地人，有的连初中都没有毕业，学习好的年轻人都考上高中、大学，当了公务员。

小时候记忆最深刻的有两件事：一件是在学校院子里看过两场电影，一件是特别盼望工作组来。每次工作组来村里，全村老老少少就像过年一样，在村外很远的地方，献上青稞酒、酥油茶，还献上洁白的哈达。青稞酒、酥油茶是村民自家酿制的，哈达是开山后骑马到县城买的。

每次她都躲在大人的藏袍后面看热闹，大人看见了，会撵走他们。她当时很奇怪，工作组的人可真干净哦，脸洗得干净，衣服也干净，全都是男人，没有女人。如果有一位外地女人来到村庄，是一件多么稀奇的事儿呀，山外的女人为什么不来楚鲁松杰呢?

几年以后，骑了马，换了汽车，一路颠簸，长途跋涉，来到大山外面读书，才明白不是山外的女人不去她的家乡，而是通往家乡的道路太艰难。

还在内地西藏班读书的时候，忽然接到父亲的电话，父亲兴奋地告诉她，一位北京来的女人来到村庄，带来很多礼物，还修建了新的楚鲁松杰小学。她不敢相信这是真的，心想，这个女人既然有能力帮助家乡修建学校，应该属于大妈级别的人物。上网查了她的信息，发现她不但年轻漂亮，还慈眉善目，简直就像天使，或许，当年的文成公主就这么好看吧。

听说今天苹果基金会的人要来，专门给父亲打了电话，父亲说好长时间没有见到她们了，还特意交代，一定要感谢她们。

与仁青卓玛见面以后，留下她家人的联系方式，几天后到狮泉河镇,专程去了她家,父亲不在家。最小的弟弟眼睛大大的，非常聪明，坐在轮椅上一眼一眼看我们，不知与几年前看王秋杨的眼神是否相同。

尚方掀开盖在孩子腿上的毯子，捏了捏孩子的腿，双腿没有知觉。她向仁青卓玛的母亲介绍，苹果基金会与成龙基金会合作，正在进行西藏贫困儿童大病救治工作，得要一份患者的诊断证明。母亲打了一个电话，一会儿工夫，仁青卓玛的叔叔领着地区医院的一位医生来到家里，商量好立即带孩子到地区医院拍片子，次日我们来取。

第二天，也就是 2013 年 4 月 26 日，尚方和我再次到她家，取走孩子的诊断证明和 X 光片。尚方把片子和诊断证明带回北京，交给与苹果基金会有合作关系的李哲。李哲是中华少年儿童慈善救助基金会西部儿童专项基金执行主任，对儿童大病救治有丰富的经验和社会影响力，期待有一个好的结果。

狮泉河的女人

狮泉河镇现在的规模，据说是在 1998 年白玛才旺任地委书记的时候，实施开放兴镇方略以后发展起来的。当时整个阿里地区不到八万人，地区首府狮泉河镇不足一万人。要靠传统的农牧业，只能维持温饱，一旦遇到灾年，连起码的温饱都解决不了。

区域经济要发展，必须要有人，有了人才有消费，有了消费才能拉动需求。从那时起，投资者、经商者，从川藏线、青藏线、新藏线和滇藏线纷纷涌来，川妹子、关中娃，甘肃、青海、新疆等全国各地的年轻人纷至沓来。楼房盖起来了，商店开起来了，狮泉河镇热闹起来了。有人开玩笑说，那个时候，有“四不准”的说法，除此之外干什么都行：不叛党卖国，不倒卖军火，不杀人放火，不吸毒贩毒。

人流带来了物流，物流惠及人流，人流和物流带动了信息流。往日见不到城镇气息的荒漠滩涂，仿佛一夜之间从地底下崛起一座新城，就连在当地生活了多年的藏族人也始料不及。狮泉河镇尽管不像内地城市那样辉煌，那样大气，富有文化底蕴，但它毕竟是藏西最大的城镇，从西藏拉萨到新疆叶城，方圆上千公里内最大的城市。

狮泉河镇，习惯上被称为狮泉河，是一座典型的戈壁小城，依山傍水。依的山是寸草不生的红褐色山峦，傍的水是川流不息的狮泉河。中国大部分河流自西向东流，狮泉河则从东向西流，流到国境线以外，唤作印度河。

狮泉河的冬季漫长而寒冷，冰天雪地，滴水成冰。阿里的干部职工大多选择冬季休假，有的回到内地老家，有的到低海拔地区过冬。在阿里的小商贩，也会像候鸟一样，冬去春回。有人告诉我说，狮泉河街道没有硬化以前，由于风沙大，每周都有铲土车清除街道院落的沙土。有的人家一夜之间，房门被沙土堵住，打不开，只能从窗户翻出“清理门户”。

杨倩，是陕西省第五批援藏干部中唯一的女性，刚到阿里的时候，有人告诉她，冬天男人撒尿的时候，尿在半道上变成了冰溜子，风绕着弯吹来，砸得脸生疼。作为阿里地区旅游局副局长的她，总有应酬的机会，藏历新年，端着秧子给宾客敬酒，明明知道戴着手套敬酒不礼貌，还是不敢褪掉手套，一旦褪掉手套，手指就会粘连在秧子上。尽管如此，宾客推让时间稍微长一点儿，秧子里的青稞酒或拉萨啤酒，就会结上一层薄薄的冰。

自然环境，气候条件，决定着一个地区的繁荣或衰落：气候适宜，经济发达，人口稠密;高寒缺氧，贫困落后，人烟稀少。

阿里，属于生命禁区。因为地处南亚与西亚之间，与多个国家毗邻，军事位置十分重要，国家才投入大量人力、物力、财力，建设阿里。

目前，阿里地区总人口 9 万人左右，大部分为土生土长的农牧民，少部分是在藏干部、外来人员、驻守边疆的军人。

外来人员中，就包括众多的酒店老板、水吧服务员、商店售货员、长途汽车司机、菜贩子、歌舞厅小姐，等等。相传，狮泉河镇最先乘坐出租车的，是歌舞厅的小姐和她们的客人。

狮泉河的 6 月和 7 月，还飘着雪花，9 月冷风嗖嗖，棉袄上身，夏季几乎只有短暂的 8 月。

一个阳光灿烂的正午，终于看见一位身穿厚裙、肩披围巾的女人。我连连感叹，哇塞，狮泉河竟然有穿裙子的女人！

一个声音立即回应，她是歌厅小姐，我都知道她在哪个歌厅坐台，住在哪条街上，有几个情人。

狮泉河的水吧、朗玛厅、茶室、歌厅、足浴室，比例明显高于内地。我曾经怀疑，这么多经营者是否亏损。有人说，没有傻瓜商人，只有笨蛋消费者。

狮泉河街上人少，是因为很多人在水吧喝酒，朗玛厅唱歌，茶室打牌打麻将，洗澡、按摩。

高寒缺氧，影响人的思维和行动；加之生得艰难，死得容易，对功名利禄看得淡然。

我在阿里期间，同样遭受到缺氧的危害，经常感到身心疲惫、困乏无力。高声说话，快速走路，就会气喘如牛，心慌头晕。采访过程中，常常写不出简单又常见的字词，只能用拼音或谐音代替。回到内地，整理采访资料的时候，为那些奇怪的代码感到汗颜。

还有一件事，更觉可笑。一个周末，跟几位熟人去日土县附近的河里打鱼，河滩上的砾石将我的黑皮鞋磨成了白皮鞋。回到狮泉河，我问他们有没有黑墨水，涂抹一下，就可以还原成黑色。有人建议，墨汁也可以解决问题，万一不行，锅底灰也可以。我就四处打听谁有这几样东西。两天后，灵光一闪，想起了鞋油。大家齐声说，是啊，怎么都没有想到鞋油哩？我们是不是老年痴呆了？

在阿里，几乎见不到光鲜娇媚的女人。农牧区的女人，无论冬季还是夏季，身穿藏袍，头上、脸上裹着厚厚的围巾、口罩，露出的只有漂亮闪烁的眼睛。在狮泉河镇见到的女人，多被羽绒服、厚棉袄包裹，随时戴着帽子和墨镜。在狮泉河镇，想要看见一个窈窕身段，比吃新鲜蔬菜都难。

就连我这个外来者，每次到阿里，包里都装有厚薄不一的裙子，但每次都原样带回。以至于一位阿里熟人，在拉萨见到我的时候，大着嗓门儿感叹，杜文娟在阿里不男不女，像个中性人，一到拉萨女人味儿就十足了。

狮泉河的繁荣和发展，外来者、经商者发挥了推动的作用。他们主观上为自己，客观上为别人，这些人中，有男人，自然也有女人。

在狮泉河镇，男人是推动社会经济发展的原动力，是支撑狮泉河的天；女人是社会稳定的灵魂，使狮泉河生机盎然、旖旎生辉。

纷繁多样的女人，构成了阿里一道姹紫嫣红的风景。女人中，有理想者，有颓废者，有成功人士，有失意落魄者，也有魂归阿里者。

狮泉河的女人，与地方政治经济发展密不可分。

第一种女人，是阿里党政军、富商的妻子。她们大多在内地或低海拔地区工作生活。在阿里，夫妻分居，被视作一种常态和荣耀，象征着某种特权和能力。这与内地的幸福观、价值观相左。内地有名望的成功人士，忌讳夫妻分居。

第二种女人，是工薪阶层。每天除了上班之外，还有大把的闲暇时间，用来打牌打麻将，串门吃火锅。她们与内地这个阶层女性最大的区别是，不带孩子，不爱逛街，不集体爬山和跳健身操。孩子大多放在丈夫或自己的老家，由老人看管。阿里风沙大，气温低，不买东西的话，一般不会逛街。这些女人，大多与丈夫同在阿里工作。夫妻双方，职位都不太高，收入中等。

第三种女人，独自一人或与丈夫一起，在阿里打拼，属于家族中最后一代农民，但也不属于纯粹的城市人。她们在阿里高原用体力挣钱，用智力为人处世。唯一的目标是脱贫致富，让下一代读大学，过上富裕的城市生活。

第四种女人，是歌厅的红人。这种女人数量不多，但收入颇丰，不管天寒地冻，穿着高跟鞋，画着浓妆，百媚生娇，风情万种。

娱乐场所的女人，陪伴一拨又一拨外来者，从他们身上得到物质保障和身体慰藉。

长期生活在阿里高原的人，体力减弱，记忆力衰退。恶劣的气候，导致人们温吞吞的生活，不温不火的爱情，缺乏燃烧的激情。

经济条件稍微好一些的男人，会把妻子、孩子安排在气候条件好一些的地方生活。

一位县级领导曾经对我说，女儿从出生到现在一直在内地老家，现在已经上初中了，户口落在阿里，但女儿一次都没有来过阿里。以后即使考不上大学，找不到工作，也不会让女儿到西藏工作。

种种原因，造成了阿里许多男人虽然成家，妻子、孩子却不在身边的事实。这些男人，包括政府官员、驻边军人、商界人士、打工者。

阿里的女人，农区也好，牧区也罢，还有不种地、不放牧的众多女人，尽管常年被厚重的棉衣包裹，依然与阿里的男人演绎着一个又一个或幸福或悲情的故事。

我一向认为，被包裹的女人，是不自信的，而缺少光鲜、缺少靓丽的女人，得不到优秀男人的欣赏。得不到优秀男人的珍惜，自然得不到高品位的爱情。没有甜蜜的爱情，一生皆与痛苦、疾病、纠结为伴；反之，则妖娆、优雅、快乐。

狮泉河的女人，有着怎样的爱恨情仇呢？

2011 年 6 月，在阿里，我约见了一位女士。有人知道我要见她，打趣说，准备好香烟和火柴哟。

我没有准备香烟和火柴，她随身带着。她优雅的抽烟姿势和长长的披肩长发，显示出她的与众不同。尽管已生华发，依然楚楚动人，思维敏捷。

她出生在鱼米之乡，20 岁左右经人介绍，认识了阿里高原一位军人，因为爱情，所以狂热，万里之遥，随爱而来。结婚生子，家长里短，却断了爱情之弦。如今，孩子已经到了谈婚论嫁的年龄，一次也没有来过阿里。第二段婚姻十分短暂，对方也是在藏干部，老家在内地。第三任丈夫是在网上认识的，远在内地上班，结婚后，一年半载见不上一次面。

面对当下的生活，她显得自信而从容。按照工龄计算，已经可以退休，但她不想离开阿里，内地没有朋友亲人，没有社会关系，只有生活了半生的阿里让她感觉踏实。

金满堂大酒店，总是宾客盈门，在狮泉河镇属于比较高档的酒店。老板是一位内地女子，重要客人来此消费，她都会一杯一杯陪人喝酒，她豪爽又无奈的表情，令我生出几分怜悯。

她的前任，小罗和小黄，同样是内地女子，活泼漂亮，热情大方，30 来岁，在狮泉河镇人缘很好，机关单位人员、部队官兵、商界人士，都喜欢到她们的酒店进餐。2003 年的一天，小罗和小黄到札达县旅游，路上不幸翻车，小罗死亡。痛失好友的小黄精神恍惚，回到内地疗伤，几个月后，身体稍微恢复，返回阿里，费尽周折，追要 30 多万元的欠款。

小凤和小杨是一对小夫妻，在狮泉河镇开着一家打字复印店，老家在湖南娄底。

小杨 18 岁的时候，随姐姐、姐夫到喀什开打字复印店，22 岁从喀什到阿里，帮人推销啤酒。藏族人喜欢喝拉萨啤酒，汉族人喜欢青岛啤酒和百威啤酒，辛勤劳动很快得到了回报。2004 年 5 月，他开了这家小店。花了两万元彩礼，迎娶了 19 岁的新娘小凤。几年来，小凤与小杨用心经营这家小店，店铺靠里的位置摆放着灶具，灶具上方悬空钉着一个架子床，晚上睡觉，登梯而上。每天上午十点开门，晚上十一点关门。年收入四五万元到七八万元不等。每年 3 月到阿里，12 月回到老家娄底过冬。

小凤说，她喜欢阿里的雪山和人，不喜欢阿里的大风天气。阿里的社会治安很好，偷盗现象很少发生，开店几年，几乎没有打印过告状信、匿名信。阿里的物价比较高，居民用电每度1.1元，商业用电每度2.5元，一吨水3元，一吨煤2000多元，不交工商管理费和国税、地税。由于远离家乡，每月电话费500多元。俩人每月生活费2500元到3000元不等。26岁的小凤，希望明年回内地修养一段时间，生一个孩子。

2011年6月初，我在阿里菜市场打探菜价。

土豆、胡萝卜、芹菜、茼蒿、茄子、菠菜、西红柿，基本上一个价，5元钱一斤。白萝卜、大白菜、莲花白，3元钱一斤。小葱15元钱一斤，大蒜、生姜、豌豆角，8元钱一斤。鸡鸭兔按只卖，每只100元钱。活鲤鱼30元钱一斤。羊肉15元钱一斤，牦牛肉30元钱一斤。

这些蔬菜，有从新疆和拉萨长途贩运来的，也有当地温棚栽种的。

一位不愿透露姓名的中年妇女，向我讲述了她的种菜经历。

她和丈夫都是四川南充人，丈夫原来在阿里部队服役，回到老家后，不甘心种田务农。2000年，将两个孩子留在老家，带上她来阿里种菜。

地方政府免费在戈壁滩上给他们划了四亩地。两口子不分白天黑夜打井不止，丈夫在井下挖土，妻子在地面卸土，忙碌了整整一个冬天，挖到 15 米深的时候，终于见到了水。找来推土机平整土地，用东风车从远处拉来熟土，用电泵抽出井水灌溉。四亩地上建起了六个蔬菜温棚。丈夫种菜，妻子卖菜。冬天种小白菜、油白菜，夏天种的品种多达 20 多种。刚种了几年，狮泉河建起了水电站，戈壁滩水位降低，井水干枯。两口子继续挖井，直到有水为止。

两口子常年住在蔬菜温棚进口处的缓冲房里，四五平方米大小，每年卖菜收入四五万元。大孩子如今在阿里有了一份稳定的工作，小孩子由于缺少父母看管，学习一般，跟着爷爷奶奶在老家生活。

彭亮，是我在神山冈仁波齐下的塔尔钦镇见到的最时尚的女子。

见到她的时候，她正帮神山志愿者之家的任怀平收养的 2 岁孩子巴桑穿衣服。5 月的神山脚下寒风刺骨，她却穿着风衣，戴着遮阳帽。她在塔尔钦经营一家小商店，顾客少的时候，就关门休息。

彭亮的老家在重庆，20 岁的时候，经人介绍认识了阿里一位边防军人。完婚后，随丈夫来到塔尔钦，丈夫在镇子北边的边防派出所工作，她的商店在镇子南边，周末的时候，夫妻才能团聚。25 岁的彭亮，孩子已经 4 岁，放在重庆老家，请老人看管。

彭亮的商店里有一台电脑，转神山的外国游客喜欢在她那里上网。她说，想孩子的时候，通过视频，跟远在重庆的孩子联系。丈夫和孩子是她生命中最重要的人，目前只能陪伴丈夫。

我曾随阿里地区疾病预防控制中心的工作人员，到地区幼儿园和地区小学，做儿童疫苗接种工作。他们告诉我，为歌厅、餐厅、商店从业人员体检，也是他们分内的工作，阿里的娱乐场所几乎是清一色女性。在抽样检查中，发现歌厅女性患有梅毒、细菌性感染者有之，普通妇科病也有。在一个县，还发现过一例艾滋病患者，待他们追踪监控的时候，患者不知去向。据介绍，阿里患这种病的人，比例远远低于内地。

我想走近这类女性，了解她们的感情经历和生活状态，便去了一家歌舞厅，匆匆而去，慌张而归，依然没有走近这个群体。将这次猎奇，原样回放如下。

出发前，伸手在头上摸了两下，确认装束整齐，关掉手机，打开录音笔，装进衣兜，走进一家歌舞厅。这家歌舞厅以规模较大、女性众多，在狮泉河众所周知。我去的时间是下午七点左右，由于时差的原因，阿里天黑得比较晚，八点才营业。

在大厅，看见一位握着手机的大耳朵男人，与几个女人打情骂俏。有的浓妆艳抹，有的素雅清淡，穿得都很单薄、性感，甚至还有穿碎花短裙的女人。好像约定一般，所有女人穿着漂亮的裙子，却没有穿连裤长筒袜。

我的出现，显然引起了男人的注意，他警惕而认真地询问我。

你一个人吗？来这里干啥？

就我一人，来找工作。

找啥样的工作？

你们有什么工作？

有服务员、妹妹、打扫卫生的，打扫卫生的人已经够了。

什么是妹妹？

你咋啥子都不知道，找么子工作哟！你是哪里人？

广元人。

广元人咋个不说四川话？

我吭哧两声，无言以对。我的迟疑，引来一阵哄堂大笑。赶紧对男人说，对不起，初来乍到，什么都不知道，能不能请一位美女帮忙介绍一下？

一位20多岁的漂亮女人，一手握着对讲机，一手捏着手机，嘟嘟囔囔，不情愿地陪我进到一个包间。我从容了许多，对话也干净利落。

请问妹妹都干些什么？收入怎么样？

妹妹就是坐台小姐，陪客人唱歌、跳舞、喝酒，坐一次台，客人给200元钱，不管赚多少都是自己的。

月薪多少？

没有底薪，要看妹妹怎样跟客人勾兑，有人一晚上坐两三个台。运气好的，坐五六个，出一次台六百元。勾兑得好的，一个月能挣四五万元。

什么是出台？

出台就是陪客人睡觉。

到妹妹租住的房间睡觉吗？

妹妹一般住招待所，租房子得买家具，麻烦，一般是客人找睡觉的地方。

你们这里的妹妹好像年龄偏大。

废话，年轻漂亮的妹妹，脑袋发热才到阿里坐台。

客人都是些什么人？

汉族人、藏族人都有，熟客比较多。你到底是干啥的？啥子都不懂找么子工作！

我连声说着不好意思，便溜之大吉。

淘金梦中人

听说札达县的援藏干部来自河北省，李宝军不知从什么地方就游到了札达。

整个青藏高原的人，都看重老乡、同学、战友关系，阿里尤为如此。

在此之前，李宝军已经在西藏游荡了十多年，祖籍河北沧州。平时干点儿零星的泥瓦活儿，勉强维持生计，被人称为李工头。河北省第二批援藏干部来札达县以后，带来了一批援建项目，落实了一批项目资金。李宝军知道消息后，千方百计与援藏干部套近乎，一会儿递烟，一会儿倒茶，一会儿请客吃饭。兜里揣着两种烟，白沙烟留给自己，递给领导的是玉溪烟。

由于都是河北老乡，领导们经常给他一些帮助。到了吃饭时间，考虑到他孤身一人，游僧一般，饥一顿饱一顿，就留他在县政府小食堂吃饭。他感动得恨不能磕几个响头，他的吃相不大好看，饭量大得惊人。每当抓起饭桌上最后一块饼子，总要说一句，就爱吃咱们家乡的饼子，然后生怕别人抢走似的，大嚼起来。

后来，到小食堂吃饭的人逐渐多了起来，领导们怕有人提意见，不常留他吃饭，毕竟他不是机关人员。偶尔，李宝军也来食堂。师傅是一个温良和善的退伍军人，趁人不注意，施舍一些饭菜给他，让他赶快吃，免得招来意见。

2000 年，李宝军终于得到了札达县政法综合楼的承包权。说是大楼，其实整个建筑面积不足 2000 平方米，总投资预算 200 万元，这下可乐坏了李工头。他逢人便说，亲不亲，家乡人，领导干部照顾着他哩。

项目落实的时候已经到了 8 月份，按照工期要求，必须马上开工，到第二年 10 月交付使用。李宝军像喝醉酒一般，亢奋而激动，马不停蹄地忙碌起来。一份电报，把河北一个堂弟叫来帮忙。弟弟来到拉萨，找不着到札达县的汽车，在拉萨逗留一个多月后，费尽周折来到札达县，已经到了 10 月。由于材料供应不上，气温降低，无法作业，只能停工。大楼基础刚做完，已经花光了工程预付款，天寒地冻的工地上，只剩下李宝军和弟弟。年关将至，弟弟忍不住札达的寒冷和寂寞，辗转回到老家。

冬季，援藏干部回内地过春节去了，大部分在藏干部和生意人也走了。尽管如此，除夕之夜的边疆小城札达，依然沉浸在欢乐之中。身患痛风病的李宝军不胜酒力，只好与几位熟人打牌钻桌子。到了后半夜，各自回家休息，李宝军摇摇晃晃回到租来的土坯房里。

大年初一，大家闲得没事，想起了李宝军，他还欠一次钻桌子哩。敲门过后，屋里静悄悄的，大家感到蹊跷。

几天后，打牌凑不够人，又想起了他，敲门，依旧没有回音。有人开玩笑说，李工头是不是死了啊？

这句话提醒了大家。撞开门后，家徒四壁的房屋寒冷而潮湿。仔细辨认，发现李工头和衣而睡，脏兮兮的棉被盖着下半身，眼睛大睁，半张着嘴巴，身体已经僵硬。

新年期间，小小的札达县城死了人，连民政局都找不到值班人员，总不能和衣埋葬吧。几个好心人请来木匠，找来床板，敲敲打打成一个白皮棺材。没有油漆，买来几大瓶墨汁，胡乱涂抹一阵，才入殓了李工头。

时值隆冬，冻土层厚，挖坑埋葬，谈何容易！只好把他的棺材抬到县城外面的烈士陵园，裸露在光天化日之下，成群的乌鸦发出凄厉的叫声，日夜盘旋在棺材四周。

来年春暖雪化以后，不忍乌鸦怪叫的人，将这位客死他乡的李工头入土为安。

雷新成，1973 年生于新疆伊犁一个地地道道的汉族家庭。2003 年随三哥到了拉萨，他们的进藏路线，不是新藏线，而是从伊犁到乌鲁木齐，再到甘肃柳园、青海格尔木，通过青藏公路到拉萨。

刚到拉萨的时候，开了一家伊犁餐馆，后来随三哥从拉萨到阿里跑长途汽车，车是 29 座的中巴车。这个时候，他与尼木县一位藏族女孩结婚了，家安在拉萨。有一次路过神山冈仁波齐时，陷进了一片沼泽，整整八天时间。他们请路过的车辆拉走了乘客，自己每天中午到塔尔钦镇吃一顿饭，傍晚时分回到车上睡觉。因此，他发现塔尔钦镇是一个挣钱的好地方，便与三嫂一起，投资四万元，开了这家新疆伊犁餐馆，主打菜是新疆大盘鸡。三哥继续跑长途汽车。

餐馆面积五六十平方米，年租金一万元。他们的食客主要是朝拜神山的游客，季节性非常强。每年 10 月中下旬回新疆，次年 3 月再来。尽管漫长的冬季不营业，房租照样交付，这是青藏高原商界的规矩。

到塔尔钦镇开餐馆后，与妻子联系甚少，干脆离婚。客人少的时候，雷新成钻到皮卡车里，轻松快乐、高高兴兴地打电话。三嫂告诉我说，跟女朋友通电话哩。打完电话，开上车，去神山脚下的河沟里拉水。两天拉一车水，不仅满足餐馆用水，还帮助左邻右舍拉水，任怀平的日常用水，也由他帮着拉来。当然，任怀平也经常帮他们拉水。塔尔钦镇，至今还没有稳定的电力供应和自来水，没有自来水的原因是冻土层两米多深，水管时常被冻裂。

由于三哥跑车，经常从狮泉河镇买来蔬菜，同样的大白菜，在狮泉河镇批发两元钱一斤，塔尔钦则卖到五六元一斤。他们家的大盘鸡，中盘卖 180 元。

三嫂是一个敬业的人，看见我吃油条，追着问我在哪里买的。我说是从普兰县城带来的，她才长出一口气，怪不得呢，塔尔钦就我们一家卖油条呀。

2011 年 5 月，三嫂的弟弟和弟媳妇从新疆千里迢迢而来。

来阿里之前，弟弟和弟媳妇在伊犁承包了 100 亩地，种的是玉米和大豆。一亩地承包费400元，100亩地，一年就是4万元。化肥、种子连年涨价，虽然全是机械化种植，出不了多少劳力，挣的钱也并不多。

小两口把8岁的儿子全托在老师家，每月给老师500元钱。弟媳妇说，想儿子了只能忍着，悄悄流一会儿眼泪，继续干活。最大的理想是希望儿子学习好，将来有一份好工作。本来想把儿子带在身边，来阿里一看，条件比新疆差远了，让儿子来这种地方，对不起儿子。她觉得时间过得太慢，眼睛一睁开就到10月份该多好哦，那个时候就可以回家看儿子了。

弟弟和弟媳妇打算在塔尔钦镇开一家蔬菜和水果商店。一个月后，我再次到塔尔钦的时候，三嫂告诉我说，小两口到几十公里以外的霍尔乡开了一家餐馆。

在伊犁餐馆，受任怀平邀请，参加一帮人的聚餐。

十个人全是越野车司机，常住拉萨，从樟木口岸接来一批印度香客，来神山圣湖朝拜，这一天，香客住在圣湖玛旁雍错附近。他们把香客安顿好后，开着空车到塔尔钦来看望任怀平。

他们尊称任怀平为老师，经常帮助任老师拉些捐赠物品，带些蔬菜，任老师给他们的车上贴一个标签，为志愿者之家做宣传。司机只要到阿里，都会抽时间来看望任老师。

这些司机来自同一个地方，老家在甘肃省张掖市山丹县，一共有三四十人。开始在拉萨给出租车公司开车，月薪2000千元左右。几年以后，或贷款或攒钱，买来出租车和越野车。越野车挂靠在旅行社，拉游客跑长途。珠穆朗玛峰大本营、樟木口岸、阿里、藏北大环线，是他们常去的地方。路途遥远，路况险恶，风险更大。单车一般不跑长途，通常会结伴而行，路上相互照应，年轻的老乡们结成了统一联盟，关系比较融洽。

一位不到30岁的司机，向我讲起了他的行车史。

20岁的时候，他就开货车，从格尔木向拉萨运送百威啤酒，一个来回四五天，有时候六天。一个月往返五六趟，满载而去，空车而归。每月工资2000元左右。

有一次，车在唐古拉山口爆胎，时间是夏季。唐古拉的天气复杂多变，春季雪大，夏季和秋季是雨季，道路泥泞，冬天反倒不怎么下雪。一辆货车两个司机，他留在车上看货，另一个人搭便车到格尔木找汽车配件。

三天后，老丈人带来了修理工和食物，饥寒交迫的他四肢麻木，意识模糊，站不稳脚跟。老丈人说，自己开了一辈子车，第一次看见在唐古拉坚守三天三夜还活着的人。

青藏铁路通车后，从内地运往拉萨的货物，不需要在格尔木中转，直接运往拉萨，格尔木的大部分货车司机失业了。他就到了拉萨，从一个打工者，变成了越野车车主。

赵刚16岁从山丹县考学，上了一所中专学校，学的是计算机专业。毕业后到广州打工，在工厂的流水线上生产电路板、电灯泡、皮鞋。觉得太辛苦，就当兵去了内蒙古乌兰察布盟，当兵期间谈了一个女朋友，女方家里不同意。五年以后复员，到新疆的超市打工，当过超市主管。2006年，家里给他介绍了一个对象，为了逃婚，来到拉萨。没想到，在拉萨认识的女孩，也是老乡。俩人结婚后生有两个孩子，放在山丹县老家，母亲和岳母各带一个孩子。夫妻俩开始关系不太好，有了两个孩子以后，恩爱多了，妻子目前在拉萨一家鞋店当售货员。

2008年初，赵刚已经拥有一辆出租车、一辆越野车。有一段时间，来西藏旅游的人锐减，无事可做，痛苦不堪的他，一下子卖掉了两辆车，亏损十多万元，这是他有生以来受到的最沉重的打击。一年多以后，西藏旅游市场复苏，贷款二十多万元，买了现在这辆丰田越野车。

郭学军，是四川资中人，生于1974年，兄妹三人，就他一个男孩。如今，姐姐和妹妹也在阿里，在狮泉河镇种菜卖菜、卖调料、杀猪卖肉。

父亲早在1985年就在拉萨卖鱼，似乎是一夜之间，拉萨人有了吃菜的意识，就从内地贩菜到拉萨批发。15岁初中毕业后，郭学军来到拉萨，帮助父亲贩菜。

他在蔬菜生产地收购，父亲在拉萨负责批发，运输车辆是租来的东风大卡车。

蔬菜来源分夏季菜和冬季菜。

夏季菜产地以敦煌、西宁、兰州为主，主要供应土豆、莲花白、大白菜、蒜苔、青椒、大葱、大蒜、生姜。车从敦煌出发，经过柴达木盆地、格尔木，再到拉萨，路程1800多公里。一辆车配两位司机，日夜兼程，司机休息，车不休息，两天两夜能到拉萨。从兰州到拉萨2200多公里，由于全程都走青藏公路，路况比较好，两天多也能到拉萨。

冬季菜产地以西宁、兰州、成都为主。西宁、兰州以青椒、茄子、菜花、豆角为主。成都菜比较丰富，胡萝卜、白萝卜、莴笋、芹菜、芋头、红薯、佛手瓜、莲菜、榨菜等。从成都向拉萨运菜，有两条路线。

第一条路线，全程汽车。从成都出发，经过红原、若尔盖、兰州、西宁、格尔木、拉萨，3200多公里的路程，三天三夜赶到拉萨。

另一条路线，从成都到湟源，火车运输；再从湟源到拉萨，汽车运输。在成都装车皮的时候，是简包装，到了湟源火车站，卸车以后，重新装上汽车，就得精包装。每样蔬菜装进纸箱或竹筐中，外面包扎上草帘或塑料薄膜。温度不能太高，也不能太低。温度高了，揭开草帘就冒烟；温度低了，菜会冻坏。

贩菜人之所以选择西宁与格尔木之间的湟源，而不在青藏公路重要周转站格尔木，就是因为湟源不是大站，提货时间短。湟源的海拔低于格尔木，气温高于格尔木，蔬菜冻伤少，有利于蔬菜保鲜。

一节火车皮装 40 吨蔬菜，在湟源卸下后，可以装满 5 辆东风汽车，再从湟源，马不停蹄运往拉萨。

不管从成都、敦煌还是西宁、兰州运往拉萨的蔬菜，只要按时到达，损坏少，每跑一趟，除工资以外，司机都可以得到 500 元的奖金。虽然要求严格，但由于各种原因，没有按时到达，也不会扣工钱。

19 岁的郭学军，已经赚到了 20 万元现金，这个时候，他在拉萨开了一家火锅店。傍晚六点多出摊，凌晨三四点钟回家。觉得开店太累，就在拉萨河畔租来 40 亩地，请了 5 个人种菜。那个时候，在拉萨种菜的人不超过 100 人，但他还是亏了个精光。

郭学军个性鲜明，从小与父亲聚少离多，母亲有时住在拉萨，帮父亲在宗角禄康农贸市场批发蔬菜，有时回资中照顾老人，对他也疏于关爱。17 岁的郭学军与父亲闹矛盾，身无分文的他，独自一人从昌都走到 1000 公里以外的拉萨，一边乞讨，一边打工，历时半年时间。

20 岁的郭学军与一位打工女孩结婚，第二年生了一个孩子。孩子长到 3 岁的时候，听说阿里好赚钱，跟叔叔借了 3000 元钱，一家三口搭了一辆货车，从拉萨经措勤，颠簸了 5 天时间，终于来到狮泉河镇。

他想种菜，阿里地方政府非常欢迎，在戈壁滩上给他划了十多亩地，分文不收。生活渐渐有了转机，一次，他在水吧喝酒，跟七个康巴人打了起来，操起铲煤的铁铲，打得一个人头顶冒血。他跑回派出所旁边的住处，剪掉长头发，刮掉胡子，戴顶帽子，摇身一变，成了另一个模样。水吧老板吃了哑巴亏，给康巴人赔了 2000 元钱，了却一场战事。

离婚以后，又找了一位西宁女孩，也生了一个孩子。妻子适应不了阿里的气候，带上他与前妻和自己的孩子，回到西宁。

1999 年，新藏公路突发洪水，冲断了公路，也阻断了从新疆叶城到阿里的运输通道。阿里一时陷入断粮断炊的困境。郭学军给拉萨的朋友打电话，组织菜源，三辆装满蔬菜的大卡车，经过五天长途跋涉，星夜兼程，抵达狮泉河镇，很快被抢购一空。仅这一次，他就赚到了五六万元。

如今，郭学军不再种菜贩菜，而是进军阿里的矿山开采和公路附属工程。他说，参与矿山开采工程是他最大的理想。公路边沟修理、挡墙维护、涵洞修建等，只是次要工作。目前，他拥有 1 辆价值 117 万元的挖掘机、1 辆 30 万元的装载机、3 辆丰田越野车、2 辆皮卡车，总资产超过 200 万元。

陪伴郭学军的女子，着装华贵，随身带着一只宠物狗。吃饭的时候，小狗安静地卧在桌下，细嚼慢咽一根火腿肠，吃累了，无精打采地望着摇晃不定的人腿和各种各样的男女鞋子，自得其乐。

魏小建，是我在 2010 年 8 月，从阿里返回拉萨找车时认识的年轻人。

他与人合伙买了一辆越野车，专跑长途。头一天交了押金，留了电话，凌晨两点，开车到宾馆接人，人凑齐以后，由他的合作伙伴开车，送我们前往拉萨。从阿里到拉萨的公路正在铺柏油路面，车在路上经常得穿越戈壁草滩，迂回曲折，寻觅可走之道。

后来，在我的感觉中，那段时间，他们的车应该没有办理相关许可证。明知道路况不好，为什么半夜出发？快到拉萨的时候，从曲水到拉萨的道路非常平坦，弃之不走，专走正在修建的机场专用线。颠簸得同车一位中年妇女，捂着肚子大叫不止，我也紧紧抱着自己的电脑，防止颠坏。疑点还在于，进拉萨城的时候，完全可以白天进城，三摇两晃，直到午夜时分，才疲惫不堪地抵达拉萨。

更为精明的是，对车的改造。一辆丰田 4500 越野车，被改造得容量巨增。副驾驶位置坐两个人，后面原本一排座位，变成了两排,每排坐四个人。一辆车猛增到十人,还不包括司机。副驾驶位置每个座位卖 1200 元，如果一个人坐，优惠到 1800 元。中间一排四个人，每人一千元。后面一排四个人，每人九百元。

精明的魏小建，长得还很帅气，帮我办边防证的时候，说他是甘肃人，我是陕西人，咱们是近邻，要请我吃面。

2011 年，再次到阿里的时候，路过一家面馆，忽然想起魏小建，就到他开的服装店兼乘客集中地找他，一见面就嚷道，还欠我一碗面哩。

哈哈大笑之中，知道了他的不易。

他的老家在甘肃省甘谷县，13 岁时，随姐姐、姐夫来到拉萨，家中三个女孩，他是独子。

姐姐、姐夫在八廓街卖工艺小饰品，自己每天背着 40 件羊皮袄，重达 80 斤，挂满前胸后背，在八廓街叫卖，每天能卖出 20 多件。每件 30 元进货，售价 35 元以上。2002 年，从拉萨来到阿里，租了这间十多平方米的店铺，开起了服装店。店铺每年租金 6000 元，养活自己还有盈余。2010 年，与人合伙买了一辆 17 座的福特商务车，价值 20 多万元，专跑阿里到拉萨这条线。关于那辆改造过的越野车，他只字不提。

他说，随着阿里机场通航，219 国道油路铺通，来阿里的人越来越多。乘客比原来增加，但车辆也多了起来，挣钱还是很难。

魏小建从小离开家乡，在他刚刚成年的时候，家乡人没有因为他背井离乡而忘记他，给他介绍了一位同乡女孩，闪电般结婚，孩子一岁多的时候，聚少离多，最终离婚。现在孩子已经 10 多岁了，跟着奶奶在老家生活。

魏小建感到最愧疚的是，父亲去世的时候他不在身边。为了等他，停尸七天，直到他从阿里费尽周折，赶回老家，披麻戴孝，摔碎瓦盆，父亲才入土为安。

魏小建在阿里算得上文化人，经常以诗抒情，不图发表，不图名利，放在 QQ 空间，供自己和朋友欣赏。

格桑花开放的盛宴

在广阔寂寥的藏西阿里，自然景观比比皆是，神山冈仁波齐、圣湖玛旁雍错，被信徒们赋予了更多的宗教色彩，而比传说和神话更加真实，更有人文意义和考古价值的，则是一个真实存在过的国家。这个国家以它不可思议的辉煌和壮丽，偏踞西藏西部长达七百年之久，全盛时期，国土面积相当于两个英国，人口众多，商贸繁荣，宗教兴旺。

这个在喜马拉雅山脉一带，不可一世、无人可比的帝国，就是古格王国。

早在古格王国建立之前，这里曾经是古象雄国的领地，古象雄国支系庞杂，小国众多，汉族典籍称其为羊同。1985 年，考古学家在日土县发现了多幅岩画，初步判定为吐蕃王朝以前的作品，距今1300多年的历史，岩画的制造者，应该是古象雄时期游牧部落的人们。古象雄文明的发祥地和活动中心，就在阿里高原的象泉河、狮泉河流域。

在吐蕃国王松赞干布迎娶文成公主之前，古象雄国曾经与大唐帝国有过联系。随着吐蕃王朝的日益强盛，风卷残云般地统治了整个西藏地区，古象雄国自然成为吐蕃王朝的属地。

公元9世纪中叶，一个阳光洒满布达拉宫的黄昏，或者空气清新的早晨，拉萨河畔的鸽子刚刚起飞，黑颈鹤的翅膀才发出橘红色的光晕，柳树还没有发出新鲜的叶芽，一支毒箭呼啸着，饱含仇恨，不偏不倚，刺中了吐蕃国王朗达玛的心脏。毒箭的主人，可能是一位漂亮冷艳的王妃，可能是身披袈裟的喇嘛，也可能是身着盔甲的武士，或者是骑着黑马，披着黑披风的侠士。不管是谁射出了这支致命的毒箭，都无法挽回强盛一时、雄霸世界屋脊的吐蕃王朝的命运。

自此，称雄青藏高原的吐蕃帝国分崩离析，西藏历史进入了一个长时间的群雄割据时期。由于王室不和，朗达玛的重孙吉德尼玛衮，被同父异母的兄长赶出拉萨城，带领一支百余人的队伍，逃离富庶的卫藏地区，翻过雪山荒漠，来到千里之外的阿里地区。

这个时期的阿里，象雄十八王威震八方的时代已经结束，席卷全藏的战火烽烟还没有波及至此。安居在神山圣湖之间的一个象雄土王扎西赞，接纳了落难王子。扎西赞对吉德尼玛衮所具有的吐蕃王族的高贵血统和他所代表的西藏腹地文明满怀仰慕，毫不犹豫地将女儿嫁给了吉德尼玛衮，并让其继承家国。绝处逢生的落难王子不负众望，重整旗鼓，逐步兼并了西藏西部这片辽阔的地区。两支王室的血脉融合在一起，三个王子沐浴着神山之光、圣湖之水，长成了三个剽悍的藏族汉子。

步入老年的吉德尼玛衮，常常怀念夕阳下的布达拉宫，拉萨河畔的鸟语花香，大昭寺的桑烟袅袅。在大漠的飓风下反省吐蕃历史，思考国事家事天下事。不能再发生王室相杀，兄弟阋墙，国破山河在的历史悲剧，不能让后代步自己的后尘。思考再三，将国土一分为三,三个儿子分封三处。长子贝吉衮占据现克什米尔南部，他的一支后来建立了拉达克王国，被称为湖泊围绕的地方。次子扎西衮占据普兰，被称为雪山围绕的地方，包括今尼泊尔西北一部分。幼子德祖衮占据象雄，岩石围绕的地方，德祖衮就是古格王国的开国赞普。

这就是西藏历史上的三衮占三国。后来人们习惯上称整个阿里地区为阿里三围。也有简明扼要的说法：日土，湖泊围绕的地方；普兰，雪山围绕的地方；札达，岩石围绕的地方。日土、普兰、札达，是阿里地区七个县中的三个县，也是古格王国初期，拉达克、普兰、古格三国统治的地区。

很快，古格就在三个国家中显山露水，民富国强。国家逐渐强盛，宗教日新月异。

西藏的历史，与宗教有着千丝万缕的联系。

佛教大规模传入西藏，应该从松赞干布建立吐蕃王朝时期开始，从汉地和印度两个方向传入。松赞干布曾经派遣大臣到印度学习梵文和佛经，开始翻译佛经，并制定法律，明令人民要虔信佛教，佛教开始在吐蕃传播开来。宗教在西藏的昌盛，直接导致了政教合一的政治制度。

9 世纪中叶，吐蕃最后一位赞普朗达玛，发动了灭佛运动。随后，吐蕃政权土崩瓦解。朗达玛灭佛之前，佛教在西藏的传播，称为前弘期，之后称为后弘期。

由于西藏自然条件恶劣，人们生得艰难，死得容易，对大自然充满敬畏，使得藏传佛教轮回说的教义深入民心。不管是王室贵族还是平民百姓，不管是喇嘛还是乞丐，对宗教的依赖就像寒冷中渴望阳光，饥饿中希望丰饶。随着佛教传入西藏而产生藏文以后，文化教育一直是僧侣和少数贵族的专利，政府不设撰史机构，也没有史官。史书的大任由僧侣担任，因此使得大部分史书都成为宗教史，而不是王国和民族的编年史。他们认为一个赞普在位期间发生的重要事件，无非是对寺院、神山的布施，对寺院修建、佛像铸造、经典翻译以及佛事活动的支持，而对于政治制度、军事战役、经济贸易、民俗风土，或置若罔闻，或一笔带过。

所以西藏的历史总是模糊不清、语焉不详，有些内容只能从经卷和传说中寻找蛛丝马迹，远没有中原地区的历史清晰。

或许，这也是外界对西藏神秘之谓的原因之一。

在政权建立上，古格王国是一个例外，它像高处的地理位置一样，特立独行。在长达700年的历史长河中，与佛教寺院喇嘛集团的关系比较微妙，既给予佛教界大力支持并与之保持密切关系，又自始至终顽强地保持着王权的独立性，坚持政教分离，固守王权至高无上的统治地位，这在西藏中世纪各地方政权中，显得与众不同。

古格王室像他的祖先吐蕃一样，弘扬佛法，并为藏传佛教在西藏的发扬和传播立下了汗马功劳，成就了藏传佛教繁荣的后弘期。

在朗达玛灭佛100年左右的时间里，佛教像丧家之犬，无所依靠。信徒像孤魂野鬼，无处投奔。寺庙、造像、法器、道场、经书，遭到毁灭性破坏，佛教进入了最为黑暗的时代。

佛教在以拉萨、山南为中心的卫藏地区几近消失，而雄踞西藏西部的古格王国再次点燃了佛教的火种。

1042年，注定是一个不平凡的年份，在佛教界有极高声望，名震青藏高原的印度高僧阿底峡，翻越白雪皑皑的喜马拉雅山，被古格国王迎进了托林寺。托林，藏语意为飞翔。

国王赠予他镶有300片黄金叶子的曼陀罗，并以贵宾相待。阿底峡在这座古格王国的第一座寺庙里，讲经说法，著书立说，并翻译了大量佛经，有的经书用金银汁书写，成为后来西藏佛学界的宝典。

古格王国还派出多人留学印度，学习和弘扬佛法，大译经师仁青桑布，就是其中一位。直到现在，他的家乡札达县还为他树碑立传，以他为荣，载入史册。在国王的大力支持下，托林寺召开了佛教历史上赫赫有名的大法会，卫藏地区、康巴地区甚至雪山相隔的西藏之外，赶来了一批又一批高僧大德。他们像河谷中盛开的红景天，色泽鲜艳，神情喜悦。红色袈裟与夕阳、朝霞、土林映衬，飘逸纷飞，曼妙生辉，倒映在宁静的象泉河中，指引着虔诚的善男信女。

托林寺整合了各方的佛教教义，让古格成为佛教的正统代表，佛教也更加细密地渗透到王室和百姓的日常生活中。托林寺，逐渐掌控了西藏甚至中亚地区的信仰，成为当时最大的信仰中心，道德学术和政治影响力超过了其他机构。西藏最大的佛教寺院哲蚌寺，就是阿底峡弟子的弟子创建的。从此，佛教从古格王国向周边地区传播，及至整个藏区。

古格都城扎布让，连同几十个卫星城镇，大量的城堡遗址、壁画和雕塑中，文化艺术保留最多，最辉煌的是壁画、天花板彩绘、木雕、泥塑、石刻、模制泥像等佛教艺术品。

壁画是会说话的艺术。壁画中有王室、贵族、僧侣朝礼佛陀，高僧讲经说法，喇嘛辩论，庆典乐舞，笙箫器皿，杂技表演，商旅运输，外邦贡物，动物野兽，等等。

反映古格王室、贵族、僧侣、平民宗教生活和世俗生活的壁画，算得上是古格的“清明上河图”。壁画是多元化的，汇聚式的，不拘于藏传佛教风格。南有印度文明，东有中原文明，西有希腊或基督教文明，北有伊斯兰文明。古格壁画在中国壁画艺术门类中，内容更加开放，思想更加自由活泼，艺术造诣自成古格流派。

来自印度的红色涂料，巴基斯坦国的蓝色矿石颜料，象泉河谷的金沙，为能工巧匠提供了施展才华的最大可能。他们在红殿、白殿、大威德殿、度母殿、坛城殿及各种能作画的佛塔、造像、洞窟、门楣、石头等处，留下了栩栩如生的杰作。画幅庞大或精微，笔调华美或润畅，服饰奢华或艳丽，道场宏大或威严，法器精美或别致。

王朝所代表的是当时人类生活的极致，11 和 12 世纪的古格王朝，人类社会该有的财富和享受，它都有。

地处雪山戈壁、无人区腹地的古格王国，怎么会成为政治、经济、文化、宗教的绿洲，成为称雄一方的庞大帝国？这个谜团，应该与它所处的地理位置，密不可分。

求生、求富欲望强烈的人们，从云南、四川开辟的茶马古道，从汉地通往西藏的唐蕃古道，千里迢迢来到圣城拉萨。没有停住前进的脚步，而是继续西行，骡马成群，驼铃叮当，来到雅鲁藏布江上游的古格都城扎布让。继续向西，与丝绸之路的终点交汇。

巍峨的喜马拉雅山脉，是青藏高原的天然屏障，也是山脉南北两地文化交流和商贸往来的通道。人们翻过老鼠和飞鸟都难以逾越的雪山，从印度、尼泊尔来到古格王国。

地处中亚与丝绸之路中间位置的古格王国，自然成为物资交流中心。物物交换，无师自通。古格王国树木稀少，印度人、尼泊尔人赶着牦牛，从四五百公里以外的喜马拉雅雪山南麓，风餐露宿，翻山越岭，运来上好的木材，古格人才建起了气势恢宏的宫殿和庙宇。喜马拉雅山脉南麓不产盐巴，古格王国众多的湖泊中正在收获食盐。古格王国不产香料和茶叶，茶叶被藏族人视为生命，却有丰富的黄金、珠宝来换取。

一时间，古格都城扎布让成为盛极一时的商贸中心，黄金、珠宝、丝绸、皮革、羊毛、木材、麝香、茶叶，应有尽有。为西藏西部这个年轻的帝国，带来了勃勃生机。商贸的繁荣，必然促进宗教文化的繁荣。有人说，古格王国全盛时期，人口达十万人之众。

古格都城，经过 16 代国王的不断扩建，规模十分庞大，由王宫、庙宇、碉楼、佛塔、洞窟组成。都城依山叠砌，从地面到山顶建筑物，高度达 300 米，相当于现在 80 层楼房的高度，居高临下，地势险峻，雄壮巍峨。内有四通八达的地道，外有坚实的城墙，犹如铜墙铁壁，巍然屹立。古格都城的建筑规模和富丽堂皇的程度，被藏学家和考古学家公认为是全西藏仅次于布达拉宫的建筑。

这个时期的古格王朝，被西方人称为东方文艺复兴时期的佛罗伦萨。古格都城扎布让，被称为东方的梵蒂冈。

这就是古格王国的鼎盛时期。

养尊处优的贵族，衣食无忧的百姓，开始把更多的精力和财富投入到信仰之中，宗教成为王室和百姓文化生活的主要内容。与古格都城扎布让相距 20 公里左右的托林寺,经济、文化、宗教的影响逐渐扩大，越来越多的人涌了进来，削发为僧。要维持庞大帝国的正常运转，半农半牧的古格王国就需要丰富的劳动力，国王发现他的人力正在减少，经济开始陷入困境，政权受到严重威胁。

国王与喇嘛集团之间的裂痕逐渐扩大，寺院与政权、宗教与国家之间，爆发了权力争夺。

更加奇妙的是，古格王国最后一位国王赤扎西扎巴德，也就是古格王国第十六代国王的同胞弟弟，恰在此时，担任托林寺最大的法王。明争暗斗便在国王与法王之间展开，兄弟间反目成仇，战争一触即发。

就在这个时候，两位西装革履的传教士，带着古老的葡萄牙语的《圣经》，带着树叶的清香、雨露的甘甜，从喜马拉雅山脉南边而来。正为岌岌可危的王权焦虑不安的国王，急切地抓住了这根随时可能燃烧的导火索。传教士在古格王国得到了所有能够得到的一切：礼遇、黄金、信徒、传授教义，最令他们不可思议和喜出望外的是，国王竟然为他们盖了一座教堂，王室成员和大臣，成为古格历史上最早一批天主教信徒。

国王赤扎西扎巴德对信仰的改变，与其说激怒了法王弟弟，不如说激怒了众多的佛教信徒。虔诚的佛教徒们，经过严密策划，一场灭顶之灾，冰雹般砸向古格王国。

托林寺的喇嘛集团，把一封密信送到了500公里之外的拉达克王国，这个王国的国王在700年前曾经是古格国王的同胞兄长。令他们共同的祖先吉德尼玛衮万万没有想到并防不胜防的是，古格与拉达克之间的战争，在700年后，克隆一般，再次上演。

法王弟弟请来的拉达克大军，以迅雷不及掩耳之势，扫荡了古格王国周边的城镇，却对高居在300米之上的城堡式宫殿，高山仰止，望山兴叹。这座宫殿三面皆是陡峭的悬崖，一边是较为平坦的开阔地。站在城堡之上，目力所及之处，一览无余，易守难攻。

城堡的最下边，是平民和步兵居住的洞窟。城堡的中间位置，分布着寺院庙宇，住着僧侣和中产阶级。最高处，就是王公大臣们居住的宫殿区。

从山下贫民区到山顶王宫区，分布着800多个洞窟、400多间房子、5座寺庙及殿堂。武器库、粮仓、地道隐藏其间，弓箭、盾牌、盔甲、匕首、石头各尽所能，依然无法抵御拉达克军队的强势攻击。

这场战争，分武力战斗和心理战术。拉达克军队在武力上没有战胜古格王国，却用心理战打败了慈爱的国王。

敌军占领了城堡下的贫民区，屠宰岩羊一般驱赶和杀戮战俘，强迫战俘在山下筑起一堵毫无军事价值的石墙。巨大的石块，是从几十公里以外的象泉河谷，肩挑背扛运来的，原始的运输方法，侵略军的皮鞭棍棒，摧残得战俘们体无完肤，酷刑使战俘尸横遍野。没有人为他们收尸，更没有人为他们举行天葬或火葬。白云之上的宫殿前，王公大臣们心急如焚，将这一幕幕惨不忍睹的场面尽收眼底。国王赤扎西扎巴德，眼睁睁地看着自己的子民遭受折磨。

胆战心惊，夜不能眠，一个月后，国王率领王室成员和大臣，手捧黄金、珠宝、匕首、盾牌，从高高的宫殿迟缓地、伤痛地、麻木地、不情愿地走下圣坛，走向敌军。

拉达克人并没有像欢迎兄弟一样，献上香醇的青稞酒、洁白的哈达、甜蜜的话语、温暖的拥抱，而是将锋利的剑刃刺向降军，国王和大臣们被当场斩首。四百具无头干尸，至今还潦草在藏尸洞里。

身穿华丽藏袍，佩戴珍珠、玛瑙、绿松石的王妃、公主们，被拉达克人从高高的石墙上推下。娇媚的脸庞，婀娜的身姿，飞舞的华服，像五彩缤纷的格桑花，从碧蓝圣洁的天空飘下，轻拂，漫去。

古格战俘们劳其筋骨，赔上性命筑起的石头高墙，原来是为上演一场花朵开放的盛宴而准备的。华贵美艳的花朵，则是他们终其一生都不曾目睹的尊颜。

国王和王公大臣们的鲜血，王妃和公主们的哀鸣，顺着古格先人开挖的河渠，汩汩流淌，流向札达土林，流向褐色荒漠，流进西藏人的心间，成为西藏人永久的伤痛，无尽的叹息。

这一年，是公元 1630 年。

国王赤扎西扎巴德的同胞兄弟、托林寺最大的法王，用背叛换来了背叛，同样死在了同盟军拉达克人的利剑之下。

此后，拉达克统治古格 50 年。1680 年，五世达赖喇嘛从遥远的卫藏地区派遣军队来到阿里，将拉达克人驱逐出境，继吐蕃王朝之后，再一次将阿里高原纳入藏族统一政权的管辖之下。达赖喇嘛的噶厦政府在古格都城山下设立了扎布让宗，相当于县，对这个地区进行管辖，但人去楼空的古格都城，还是没有逃脱变为废墟的命运。

古格王国因宗教而兴盛，又因宗教而灭亡。

这场由于西方传教士的进入而引发的动乱和战争，最终使王国彻底消失。从 10 世纪中叶到 17 世纪初，称雄西藏西部长达 700 年之久的古格王国,从此在西藏的历史舞台上销声匿迹。

陈忠实激励我成为作家

此刻是 2016 年 4 月 29 日十二点整，正在修改我的长篇小说，但我无法遣词造句，无力调整哪怕一个修辞。

因为我的手机从九点三十分开始，就响个不停。

第一个电话是儿子从北京打来的，手机显示他的名字，就觉得奇怪，最亲近的人都不会在上午叨扰我，这是约定俗成的定律。

儿子说，陈忠实老师去世了。

我说，胡说，不可能，去年下半年他口腔病好转，还给我写了两幅字，客厅一幅，书房一幅。

他说，你上网看看。

一边继续说着胡说、胡说，一边打开网页，刚输入陈忠实三个字，陈老师去世的消息竟然占了整个页面，电脑右下角还弹出窗口，题目大同小异。

慌乱中手机接连不断地响起，要么是电话，要么是短信，省内省外都有，有的还约稿，让我写一篇纪念陈老师的文章，我都一一拒绝。

如果在平时，一定会关掉手机，让自己的心绪稍许安宁，但今天却不能，不能关闭这条消息。

我在忐忑中继续修改小说，一个劲地告诫自己，如果陈老师在身边，一定会赞同我的行为，原谅我的残酷和忍耐。

而在一分钟前，手机再次响起，刚说了一句话，又进来一个电话。打来电话的是《国家电网报》的编辑王彪，另一个电话是潘飞老师，潘老师是中国电力作协副主席，来电意思相同，让我代表电力作者写一篇纪念陈老师的文章。

哽咽中，我一口答应，马上写，马上，写完后就发给你们。

思绪太凌乱，还是粘贴一段十多年来一直面对媒体的提问：什么原因使你走上文学之路的？

我的回答如下：2004 年 9 月初的一天，在陕南一条山花烂漫的小溪边，陈忠实老师端着酒杯走到我和其他几位文友面前，睁大双眼，因为用力，面部肌肉更加千沟万壑，语调和神情异常严肃，甚至可以用肃穆来形容。他说，目前陕西在全国真正叫得响的40岁上下的作家,只有红柯一个,只有红柯一个，希望你们写出在中国文坛有影响的作品。

这句话重锤一样，敲打着我的灵魂，我的自娱自乐难道与陕西文学有关？与中国文坛有关？我什么时候有了这么神圣的使命？如此沉重的担子怎么会与我有关？我至今记得面对这位长者的惊愕、震撼、惶恐、惴惴不安……

直到现在，如果有人问我什么时候走上文学创作之路的，我依然会回答，2004年9月。

这个时间节点无疑是我的里程碑，一个文学青年向作家队伍行进的起点。

2007年陕西省作家协会换届，我只是一名列席代表，陈老师从省作协主席的位置上退下来，宣布他卸任的时候，会场上掌声雷动，以至于主持人示意了好几次，掌声才停息下来，有人甚至哭了起来。我莫名其妙地环顾四周，不知道发生了什么。会后有人告诉我说，有的作者写了几十年一本书都出版不了，陈老师帮他们联系出版社；有的作者子女工作无着落，陈老师帮忙托人找关系。

2008年汶川地震刚发生，我就只身去了灾区，一边当志愿者，一边写稿，在一线工作29天后，完成了5万多字的中篇非虚构小说《震区亲历记》。当我被120救护车拉到广元市第二人民医院以后，才知道文章已经在国内外十多家报刊杂志上发表，在返回陕西的半道上，出于虚荣心，也出于寂寞孤独，编了一条短信，意思是本人在震区写了几万字的稿子。短信同时发给了陈忠实和贾平凹老师。一分钟不到，陈老师竟然打来电话，惊得我向路边躲闪，生怕物资车隆隆、军号嘹亮，影响通话质量。

他的声音显然是高亢的、兴奋的。他向我表示祝贺，并对我说保重身体。这是我第一次与陈老师通电话。

2009年8月，我第一次到藏西阿里，同部队官兵一起吃饭，大家对陈老师崇拜有加，我试着拨通了陈老师的手机，官兵们争着与陈老师通话，热情地邀请陈老师到西藏做客。陈老师说曾经到过西宁，希望从格尔木到西藏，体检以后，医生劝阻了他，没有机会到西藏看一看有些遗憾。

后来听文友说，平时不敢给陈老师发短信，因为他不会编发短信，收到短信就把电话打过来，弄得大家不好意思短信问候他。从此记住了没事别给他发短信，也不要打电话。

2012 年 2 月，我的长篇非虚构小说《阿里 阿里》发表在《中国作家》纪实版第二期，我给他在省作协的邮箱里放了一本杂志，心想只是汇报一下，如果工作人员拿给他，知道有这么回事情就行了。不久，省委宣传部领导来省作协调研，会上陈老师向领导提出，应该多关心陕西青年作家队伍成长，比如《阿里 阿里》的作者。贾平凹老师也说，希望政府从资金上多扶持青年作家，比如给杜文娟一些路费，她想去阿里就让她去吧。我听得阵阵脸红，不敢言语。

2014 年 11 月初，几位朋友正在爬秦岭，接到文友周瑄璞的电话，说陈老师在东门外请几位青年作家吃羊肉泡，问我能不能去，我便带上两位朋友一道赴宴。记得我与周瑄璞两个人才吃了一个烧饼，陈老师一人竟吃了两个饼子，便赞叹他的身体真结实。饭毕几位朋友抢着付钱，被陈老师一一拦住，他挪开椅子，右手拍拍左胸脯，迈着大步，走出包间，亲自到服务台结账。回到座位，我们开他玩笑，反正你稿费多，多请几次更好。席间，大家分别与陈老师合影留念，这也是我最后一次与他相见。

饭桌上，他说起了白嘉轩最初原型的由来，村里老辈人说他的祖父个子很高，腰板总是挺得笔直，这句话令他茅塞顿开，这就有了黑娃记恨白嘉轩腰板太直的缘由。他说写《白鹿原》的时候也不是天天写，村里凡有红白喜事他就去帮忙，自然当账房先生，一个月写作时间也就十五六天。我们就说你跟朱先生一样哩。我创作长篇小说《红雪莲》的时候，每当累得腰酸背痛无力继续，就给自己找理由，陈老师比我体力好都不出全勤，我也可以休息休息嘛。他还说起自己查阅县志的细枝末节，我都一一记着，相信其他文友也记着。

2015 年 4 月，依然出于虚荣心，但更多的是向多年来关心我成长的前辈汇报，就把新华网发布的《阿里 阿里》英文版参加第 44 届伦敦书展的消息转发给陈老师。几分钟后，我正在公厕洗手，电话响了起来，不用猜就知道是陈老师。他的声音有点儿不真切，我问他都好着吧。他说好着哩，好着哩，向你表示祝贺。

祝贺两个字还专门用了普通话，我说，陈老师，我也向你表示祝贺，终于会说普通话了，他在电话那头哈哈大笑。

没过多久，就听说陈老师的口腔出了问题，说话困难，吃饭品不出味道。我说怪不得他的声音不对劲。但又不敢打电话发短信，只能默默祈祷他早日康复。

2015 年 9 月，专门询问省作协同志陈老师的健康状况，得到的答案是好多了。便试探着说，想请陈老师给书房题字，他说你跟陈老师联系问问。

犹豫几次以后，才于 10 月初给他打电话，请他给书房题写“子规阁”三个字。大约半小时后，他打来电话，问我横写还是竖写。我说随便怎么写都行，迟疑了瞬间又补充一句，能不能给我的客厅也写一幅？他说，你把要写的字发到手机上。我立即发给他“宁静致远”。又过了半小时的样子，他打来电话，问我咋还不把要写的字发给他。我说已经发给你了呀。他说，噢呀，额手机最近老出毛病。我说，啥破手机嘛，撇了去。他笑着说，额不撇。

从 2004 年到现在，12 年匆匆过去，好几次听坊间说，陈老师在不同场合推介我，宣传我，给予过我众多帮助。许多次都想感谢他，送一盒茶叶或一兜水果，但除了送给他几本自己的作品以外，什么也没拿出过。

随着与陈老师的接触，愈加觉得他是一位具有强大人格魅力的人，他留给我们的不仅是文学上的财富，还有广博的仁爱与友善。后来有更年轻的作者请我写推荐语或介绍报刊编辑，我都尽其所能，真诚相待。因此常常被问及为什么对他们如此好，我说陈老师就是这样对待我们的。

我想说的是，这大概就是文化传承，精神流芳吧。

此时此刻，是 2016 年 4 月 29 日 13 点 19 分，写下此文，以表谢意。

陈老师，一路走好。

——你的学生，杜文娟敬上。

优雅之作

桃花和小婆是周瑄璞长篇小说《多湾》中的两个次要角色，分别是章四海的情人和妾。

年馑就这样来了，半袋小麦能换走一个闺女，为了一家人活命，花季少女自己给自己插上稻草卖掉，野菜树皮被扒光吃尽，中原大地饿殍遍野，种了一辈子地的河西章人度日如年，似乎压根就不知道人世间还有衣食无忧、风花雪月。寡妇桃花和儿子没有被饿死，她还活着，活得滋味丰饶，因为她有家境富裕的章四海接济。当然，这种给予是要回报的。令人感动的是，这个痴情女子不但付出了滚烫的身体，还付出了真情，甚至一生一世的挚爱。

当章四海不再富有，不再年富力强，日复一日遭受批斗，甚至丧失了活下去的勇气和生理需求之后，桃花，这个乡村烈女，腰肢不再曼妙，乳房不再饱满，葡萄也变成了葡萄干，但她依然爱着，用全部热情和激情润泽这个老朽的男人，“他们手拉手，说着话儿”。

自然，桃花与章四海的私情不可能顺达，小婆与桃花，妻子或者妾与情人这一无法调和的矛盾必然存在，仇恨、嫉妒、冷战水到渠成。桃花与小婆，这两个无论在烟火气息无限浓郁的现实生活中，还是在民族秘史的小说中，都无法融洽相处的两个女人，作者只用了一句话就柳暗花明，“桃花在小婆的屁股上拍了一下”。

乡村女人的这一拍，等同于文化人的拥抱和握手，就这样简单，就这般峰回路转，千军万马兵临城下，却鸣锣收兵立地成佛。

捉奸者章有福的形象也不落俗套，小叔子章有福看到本应该属于自己的女人桃花醉倒在他人怀中，没有拔刀相向，没有血淋淋的场面，而是“哇哇大哭”，从此远走他乡。多年以后，生活落魄，携家带口的独眼人章有福回到故乡，桃花伸出援助之手，尽最大能力帮助他。

主人公季瓷的娘家嫂子季刘氏与识字班教师周老师有了肌肤之亲，周老师是上有老下有小的中年男人，寡居的季刘氏渴望这份体温，同时也纠结于这份情缘。心知肚明的季瓷和自己的父亲，也就是季刘氏的公公，这一对有着人性光辉的父女，共同为两只飞蛾营造了一场旷世盛宴，为两颗焦苦的心降下一场甘霖，使两个鲜活的生命从此安稳妥帖，季瓷又陪着嫂子去做人流。“二人从沙河回来，季瓷的娘伺候季刘氏整整一个月，婆媳、姑嫂成为亲人，季刘氏伸出长长的根须扎在季家院子里，此生再没有过别的男人。”

从此以后，季刘氏心如止水，因为她曾经艳若夏花，像一头喝足泉水的骆驼，心甘情愿，无怨无悔，走过漫长的后半生。

像是要前后呼应一般，周瑄璞又塑造了另一对有情人。

章西芳和情人转朱阁在出游回城的路上出了车祸，章西芳的灵魂在另一个世界游弋了一番，终于重返人间。读到这一节，我为周瑄璞捏了一把汗，转朱阁该怎么收场呀？丈夫文武斌和情夫转朱阁这场恶仗该怎么打呀？当我万分期待的时候，周瑄璞写道：“章西芳睁开眼睛，看见了四个男人，父亲、儿子、文武斌和转朱阁。”章西芳在家疗伤的日子里，转朱阁每天打来一个电话，有时候够不着手机，文武斌从沙发上拿过来递给她。

被情爱和灾难拂掠之后，章西芳和几十年前的季刘氏如出一辙，完成了人生的华丽转身，从俗世走向仙境，从生活走向生命，从安顿身体变为安顿灵魂。

情妇与妻子的关系，情夫与丈夫的关系，这种巨大矛盾完美和解的先河不是周瑄璞首创的，但桃花与章四海、桃花与小婆、季刘氏和周老师、章西芳和转朱阁等诸多温情关系，是周瑄璞发明的，这对当代文学人物关系处理、形象塑造是有贡献的。

万千世界，芸芸众生，不同阶级有不同阶级的立场，不同社会角色有不同角色的利益，当人们在利益链条上挣扎的时候，善与恶，丑与美，最易突显。而要表现卑微中的伟大，伟大中的晦暗，需要更大的力量，更辽远的视野，更悠远的仁慈。

葡萄湾常掌柜应该算是乡绅，刚出月子的季瓷来到常家还钱，目的是为了更多没有还的钱，能够得到体谅。季瓷是小心翼翼的、礼仪的、整齐的、体面的，这份雅致赢得了常掌柜的敬重。遭荒的岁月，常掌柜布施季瓷的时候，也是小心翼翼的、礼仪的、整齐的、体面的。

胡爱莲与老师的私情同样令人潸然泪下，那年她 16 岁，他 30 岁，中学女生胡爱莲怀孕了，从此徜徉漫漫苦海。时光荏苒，岁月不再如歌，她68岁，他80多岁，他们相遇了，他来向她道歉，胡爱莲说："我只恼了两三年就不再恼了。老恼着人，不好。"

季瓷与罗掌柜的关系，处理得更是优雅得体。罗掌柜对死了丈夫的季瓷是有期望的，季瓷却急着要往前走一步，直到儿子章柿不足月来到人间，所有人才恍然大悟。季瓷是有主见的、慈善的，并没有与强人罗掌柜撕破脸皮，断绝关系，多年以后，还与罗家打起了儿女亲家，这是娇小而有尊严的季瓷的智慧，更是作者的高明之处。

《悲惨世界》中罪犯冉阿让与探长沙威的关系。《复活》中公爵聂赫留朵夫与女仆玛丝洛娃的关系。《日瓦戈医生》中医生日瓦戈与妻子冬妮娅、情人拉拉。《百年孤独》中奥雷里亚诺第二与妻子费尔南达、情妇佩特拉。诸多经典作品都塑造了看似不可调和的阶级矛盾、人物矛盾，不可挽回的场景，不可逾越的鸿沟，不可改变的命运，但最终都面朝大海春暖花开，映照出各色人物的豁达、正义、体恤、关照、相惜、仁爱。因为廖若星辰，所以光耀灿烂。

文学是人学，小说是人物关系学，小说最终是写人物命运的，优秀的小说家塑造人物形象、书写人物关系时，一定是字斟句酌、深谋远虑的，一定是符合角色身份的，《多湾》在这方面无疑是成熟练达、稳重健硕的。

行到水穷处，坐看云起时。一个人的胸怀有多宽广，路就能走多远。温润，温暖，温婉，温和，是《多湾》的总体品相，可见周瑄璞的艺术积累和温良从容。

文学是强人吃的饭，周瑄璞无疑是强人，同季瓷、章西芳一起，在自己的艺术人生中三足鼎立。

方格子和她的《留守女人》

我敢说，在这个叫地球的世界上，无论男人还是女人，不管是老人还是少年，只要与方格子交往，或者推心置腹交流过的人，没有不喜欢方格子的。但这得有个前提，必须是善者。因为方格子是善者、良者、美者、解人意者、大爱者。

方格子的美极具江南特色，甚至可以说是江南女子的代表：娇柔，雅致，精静，温婉，甜盈。但这似乎又不能完全概括她，这只是她的表象，她的内心则激情似火、坚毅敏感、丰韵繁盛、尖锐深刻。

或许就因为这些，我们成为无话不说的朋友，或者说是闺蜜。大千世界，芸芸众生，知己者寥寥，万般无奈之时，举起电话不知道拨打给谁，方格子则是能够托付心灵的人。

与方格子相识在鲁迅文学院，鲁十四是我们共同的精神家园，那是 2010 年北京最美的金秋九月。第一眼相见只是彼此喜欢，掩饰不住的喜悦和幸福，遮蔽不了的踌躇满志。女生们相互串门，榨着土豆苹果西红柿汁，相互品尝，再把榨过的残渣相互敷在脸上，充当面膜，看着怪异，但这不会影响热爱美丽的好心情。有的还买了红红绿绿的水桶，泡脚养颜。嘻嘻哈哈的文学女人中间，渐渐少了方格子的影子。敲门无应答，电话打不通。好不容易进了房门，发现窗户紧闭，窗帘紧拉，桌子上、窗台上摆放着金瓜、玉米棒子、草蔓一类的物什，忽然间觉得她与众不同，不同在哪里，一时半会儿又说不清。后来才知道，她平时工作太忙，只能利用业余时间创作，所以格外珍惜来京学习的机会，这段时间她写了多部中短篇小说。

而她写作《留守女人》纯属自觉自愿,发乎内心。在此之前，很多人认为小说是文学中的文学，只有写出好小说，尤其是长篇小说，才能称得上作家。机缘巧合，她相逢了留守女人，她被感动和震撼，其实她经常被感动，而这次的感动似乎不同于以往。她陷入到烦躁和不安之中，不知道以何种方式表现祖国大地上这个庞大的群体，况且，许多作家已经涉猎过这个领域。

写，肯定是要写出来，在选择小说叙述还是纪实方式这个问题上，她最终选择了纪实，而且是长篇纪实。她觉得只有纪实才能淋漓尽致地表现自己的所见所闻、所思所想，才能如实反映这个群体的生活压力、情感荒芜、理想困惑。显然，这对于她又是一个挑战，刚开始她并不自信。但我相信，一个具有良好小说写作功力的人操刀纪实作品并非难事，但谁都清楚，纪实作品花费在文字以外的精力更多，千里跋涉，迂回采访，还得顾及各种盘根错节的关系。这一切似乎都难不住灵心慧兰的方格子，纤瘦的她行走在中国大地上，走访了中国大部分劳动力输出比较集中的省份——贵州、安徽、河南、江西、江苏、湖南等地，完成了这部数万言的长篇纪实文学《留守女人》。

台上十分钟，台下十年功。一部厚重的《留守女人》华丽登场，畅销各大新华书店和机场网站，方格子终于可以光鲜亮丽、轻松呼吸了，但她为此付出的艰辛劳作谁人能知？有一段时间她处于极度疲惫期，虚弱得如同柳絮。她在有限的业余时间里掐着天数一次次踏上采访之路，不分早晚，没有昼夜，而所有受访者都是自己通过同学、朋友牵线搭桥，从一个省到另一个省，从一个乡村到另一个乡村，从北方到南方，从西部到东部，火车、汽车、摩托车、步行，在田间地头与留守女人一起劳动，一起摘菜做饭，晚上睡在同一张床上，听着夜雨，伴着星辰，彻夜长谈，说到喜悦处一起欢笑，聊到伤心处一起流泪。2013 年盛夏，江南大地如同火海，气温飙升，地可煎蛋，坐在房间里都汗流浃背，她却踏上了前往河南、安徽等地的采访之路，我曾劝她乘坐飞机，她乘的则是硬座火车、长途汽车，从车站广场到候车室，从邻座到车厢连接处的吸烟乘客，从一节车厢到另一节车厢，她像一个热情的话唠，主动搭讪，窃窃低语。被她搭讪者，或者叫受访者，大部分是农民工，也就是留守女人们的父亲、丈夫和儿子。了解男性农民工，从另一个角度又加深了对留守女人的认知、理解、怜悯和同情，所以这部作品充满了刻骨铭心的疼痛感和悲悯之心。

《留守女人》沿袭了方格子的小说之美，细腻、敏感、柔美，准确，并且具有更加广阔的社会价值。有专家指出，目前我国有两三亿农民工、五千多万留守妇女，劳动强度高、精神负担重、生活压力大，是压在留守妇女头上的三座大山，当代中国留守妇女的数量之大，承受负担之重，不仅在中国历史上，就是在世界的现代化进程中，都是少见的。面对她们的贫困、压抑、凄苦无助，方格子总是试图帮助她们，但又发现自己的无力和无奈，她能给予的大概只能是将温情传递给这个被忽视和冷落的群体。这部书的面世，也证明她是一位有担当意识和责任感的作家，如同此书的封面推荐语——沉重的现实，温暖的关照。

《留守女人》中的许多故事在她的采访和写作过程中，我都已经熟悉，再次阅读，愈加觉得凄美动人，扣人心弦。我们在交流中得出一个结论，好的纪实作品不亚于优秀的小说，写纪实作品对小说创作有益而无害。

或许是巧合，也许是有意，《留守女人》的每一个小章节讲述一个女人的故事，而每个故事后面，都有一个后记、小记或链接，对故事点评、补充和延伸，让人联想起中国古代最伟大的纪实作品《史记》的“太史公曰”。无疑，方格子的《留守女人》不但是她写作生涯中分量很重的一部作品，也是中国报告文学界一部难得的心灵写作之书。

富阳这块丰饶美丽的江南美土，不但养育了郁达夫、麦家这样优秀的作家，也抚育了精灵婉约的方格子，富阳有幸。

亲爱的素红

想起素红，就有一种甜蜜感、快乐感、轻松感。有时候会抿嘴独自乐呵好一阵，或一个人走在微风习习的星空下，或眺望山峦那边山峦的时候，素红就像阳光和空气，毫无防备，倏忽间荡入脑海，甜甜的酒窝和嗲声嗲气的吴侬软语折子戏一样，一场一场上演。

我知道，这种感觉叫幸福。这种幸福如同六月飞雪、冬日暖阳、盛夏莲花，清香，典雅，悠扬，华贵。尤其在这个繁忙、烦郁、泛情的时代，这份好，这份纯粹，愈加弥足珍贵。

素红，大名李素红，一个纯正的江南美女，土生土长的浙江余杭人，我则是一位标准的西北女子，俩人隔着万水千山，怎么就成了朋友呢?

因缘还得从 2008 年汶川地震说起。

那个时候我们都是志愿者，但并不相识。我从都江堰、汶川、映秀、北川、汉旺，然后到青川，差不多一个月时间，白天跟着志愿者一起给灾民送药送粮，押运救灾物资，为帐篷学校的孩子上课，晚上写稿，把所经历的一切写成文字，通过部队卫星车、网吧发往灾区以外的报刊杂志。素红从杭州飞往成都，一头扎进重灾区青川，同各路救灾人员一道，一个山谷一个村庄地搜救幸存者，救助伤残者。当我从江油赶到青川的时候，青川县的领导班子正在帐篷里开会，部署下一步救灾工作，时间已经是午夜十二点。旁听完会议后，找到县委宣传部的同志，挤进他们的集体帐篷，床是双层铁架子床，好不容易爬到上铺，鼻子、脸庞就快抵着帐篷顶了。

睡得正香，滴滴答答的夜雨冷不丁滴落下来，正巧落在脖颈上，迷蒙之中以为是余震飞石，一个鹞子翻身，眼睛瞪得如同灯泡，一头撞到帐篷上，抖落更多雨滴，这一回，不但脖颈里、脸庞上，就连敷衍在身上的衣服也湿了个净透，帐篷里的鼾声、汗臭、食物腐烂的味道异常浓烈。次日到一顶部队帐篷采访，正交谈着，余震突发，地面明显晃动，帐篷也在摇晃，抓起包拔腿就跑。受访的将军笑着说，在帐篷里，有什么好跑的！我笑一笑，坐回原处，继续与他交谈。

就是在这种情况下，认识了青川县委宣传部副部长兼外宣办主任柳桂华。柳桂华有一头乌黑的披肩长发，是一位年轻、漂亮、干练的文化官员，她热情地告诉我，浙江一位女志愿者李素红刚刚离开青川，来的时候衣着时髦、打扮靓丽，回去的时候跟灾民差不多，都快分不出男女了。对这样的描述我非常理解，感同身受，其实哪一位参与救灾的人不是这样呢！

柳桂华是一位有心人，她把我和李素红的电话告诉给对方，我们就有了联系。

时间推移到 2009 年 5 月地震一周年，不约而同，我和素红都重返灾区，接到她电话的时候，我正在汶川一个云雾缭绕的羌寨走访灾后重建情况，她正准备从青川返回成都，不知道为什么，那一瞬间我特别想见到她，便约在成都见面。立即搭了摩托车，乘了小货车从羌寨盘旋而下，到了汶川县城，终于坐上开往成都的长途汽车，才算松了一口气。透过车窗，依然能看见都汶公路两侧的山坡上，时不时滚落一些碎石砸向公路边的岷江里，激起浪花朵朵。尤其是一阵风过，震碎的山体白烟四起，飞石哗哗，有好几次，车不得不停下来，待飞石落定以后再继续上路。每个车窗上都配有鲜红的击碎玻璃的小锤子，玻璃窗四个角上标有明显的敲击处，一旦发生危险，用锤子敲碎玻璃便可逃生。无数次，我望着座位上方的预备逃生处和小锤子发呆。想着青川的莽莽山峦，深深峡谷，山体碎裂不稳，素红应该和我一样，遭遇同样的危险和惊恐，一个江南女子是怎样度过这每一分每一秒的呢?

震后一周年的成都像一个巨大无比的大卖场，吸引着全球任何一个想来灾区的人，街道和公路拥挤不堪，住宿成为一件极其困难的事。我先于素红到成都，走过大街小巷没有找到入住的地方，她打来电话，让我到一家宾馆等她。到了那家宾馆，更加恍惚，这是一家五星级宾馆，正惊讶间，一位美若天仙又憔悴的女士翩然而来，我们同时注意到对方，相视一笑，就算接上了头。尽管知道素红是江南美女，她的优雅和年轻还是超出了我的想象，简直可以用惊艳来形容。后来才知道，这间房子是她通过浙江商会订的，这次来四川她带来了一部新书《樱桃红了》和几首歌曲。《樱桃红了》是根据她在青川震区所见所闻写的一部散文集，歌曲是献给灾区孩子的励志歌曲，自己作词作曲，自己演唱，自己出资制作。

她仅用一年时间就完成了这么多作品，为灾区做了这么多实事，是一个多么不容易的创举。这一夜我们谈了很多，但极少涉及救灾时的具体情形，这是所有身临其境，经历过死亡和大灾大难的人共同的防线，心知肚明，约定俗成。不探究，不揭伤疤，就是对亡者及幸存者最好的关爱和呵护。

如同亲历过大的战争和灾难一样，许多人都会遇到一些问题，或心理的，或身体的。由于她一直身处重灾区，亲眼目睹了家破人亡、残肢烂体、鲜血和泪水，她的经历和感受比我更强烈，受到的冲击和压抑更强大。她曾经对我说，在青川，她流完了几乎一生的眼泪。

2013 年，她决定写一部长篇小说，讲述一位女志愿者的故事，她请教了一位文学界的老师，建议她书名叫《志愿者》，后来我建议她干脆叫《女志愿者》，当然，这要看出版社的最后定夺。这个夏天，我们躲在天目山的一家山庄写作，她写这部长篇小说，我写与西藏公益慈善有关的长篇纪实文学《苹果苹果》，另一位朋友方格子写长篇纪实文学《留守女人》。

三个女人一台戏，三人中素红年龄最小，最活跃的也是她。白天，我们互不叨扰，各自写着自己的文字，最轻松快乐的时光是傍晚散步的时候，漫步在森林茂密的植物天堂，翠竹青青，蝉声婉转，栀子花开，萤火虫飞舞，蝴蝶蹁跹，走着走着，路中间会静卧一条小巧的青蛇。有时候，素红开上她的豪华奔驰，我站起来把头伸出天窗，双手挥舞，迎风歌唱，方格子则一个劲地在一旁乐。有时候会抢着麦克风大唱《鸿雁》《高原蓝》，唱到悲壮处方格子会泪流满面，我和素红大概是在灾区流了太多眼泪，已经不轻易流泪了。

这个盛夏，江南灼若火海，避暑胜地天目山也不例外，自来水很快干枯，只能取水塘里的水食用，高温晒过的水伤肠胃。我最先上吐下泻，全身无力，还没有好利索，方格子重蹈覆辙，本来纤瘦的方格子很快变成了林黛玉。看着我们俩面容憔悴，体重减轻，素红大笑着说，我怎么没有拉肚子呀？要是拉肚子就可以减肥了。我大骂她乌鸦嘴，看着吧，你马上就要拉肚子了。果不其然，当天夜里她就上演了我和方格子的悲剧。次日傍晚散步，她拄一截竹子当拐杖，一手拄着拐杖，另一只长长的手臂搭在我的肩膀上，我向左走她就向左走，我向右走她也向右走，我昂首阔步，她弓腰驼背，亦步亦趋。我和方格子嘻嘻哈哈，幸灾乐祸她像个跟在孙女后面要饭的老叫花子，她则只笑不答，无力还嘴。

晚上，我们坐在露台上，仰望星空，看银河繁星流动，双脚架在露台上的不锈钢栏杆上，谈男人，说女人，八卦女人间

晚上，我们坐在露台上，仰望星空，看银河繁星流动，双脚架在露台上的不锈钢栏杆上，谈男人，说女人，八卦女人间的私房话。

的私房话。在以后的日子里，并且我相信多年以后，我们仨想起这段时光，依然会话语稠密，笑得合不拢嘴。

2014 年初夏之交，我再次来到她的家乡余杭，住进她的万竹山庄。恰逢她重新装修山庄，鹅黄色上下两层小楼非常别致，院落阔大，绿草萋萋，几株参天大树被余杭市相关部门挂了名牌，需要保护，其中两株枫香树已经 260 年，另一株松柏 250 年。枫香树冠巨大浓郁，将院落遮蔽得阴凉清爽，一阵风起，树叶飒飒，长尾巴松鼠灵巧地从枫香树枝头跳到松柏枝上，再从松柏上一溜烟儿窜到排列整齐的水杉上，一株一株水杉枝干相连，松鼠在水杉上一蹦三跳，倏忽间就不见了踪影，好一会儿，山庄墙外的翠竹涟漪微微，原来松鼠跃进了万竹林海。

这样一个世外桃源，素红似乎还不满意，在院子一角扎上篱笆，圈养了鸡鸭。挖了一个小鱼塘，养了鱼和乌龟。硬是把一块芳草地变成了水泥地，既能打羽毛球，又能停车。而这一切，都得请工人一一落实，尽管有家人帮助，她还得事无巨细，亲力亲为，多少吨水泥，多少根栏杆，多少个床头，多少张席梦思，甚至连音箱、冰柜、麻将桌、床单、靠垫、空调、风扇，等等，她都要亲自购买，监督安装、摆放、试用。

有一次，我在房间看书，门大开着，抬头间，一只荆棘鸟一滑而过，她从车上下来，上身穿了一件真丝大花长衫，配一条短裤，脱掉高跟鞋，换上凉拖鞋，我正要唤她，她头一低，钻到一张方桌下面，双手反抓住桌沿，扛起桌子就走。我眨巴着眼睛，以为看花了眼，走到枫香树下，再走到水杉下，看见方桌已经从院子到了一间餐厅，餐厅旁边有两株修剪精致的桂花树，透过葱茏的树叶看见素红从桌子下面钻出来，出了餐厅，又是一位亭亭玉立的女子。我惊得大张着嘴，好一阵才叫了一声，她笑一笑，恬淡静美。

为了方便出入，工人们连夜铺通进出山庄的水泥路面，待路面干爽以后，才发现路两旁的白墙上溅了许多水泥小点，素红和家人提着水桶，拿着抹布，一点点擦拭干净。忙完以后，端了墨汁，高举毛笔，爬上高高的山庄门楼，一笔一画描摹“万竹山庄”几个字，这题字也是一位著名书法家的墨宝。

素红有一个和谐的大家庭，四代同堂，外公、外婆年近九旬，外婆是一位爱拉家常的老人，一手叉腰，一手在空中画一个弧，向我念叨着什么。我望一望天空说，哦，是的，今天天气的确不错。立即招来哄堂大笑，笑完了，有人翻译，外婆说刚才来看她的是小儿子，来给她送生活费；一个孙子在很远的地方当兵，要坐飞机才能回来。

老人家休息早，我和素红在院子里乘凉，蚊子好像知道素红比我年轻漂亮，总是绕着她转圈，嘤嘤嗡嗡，繁忙异常，片刻，素红便被叮得斑斑血痕，坐卧不宁。

这期间，有许多知名书法家前来山庄做客，全是素红的朋友，我对素红的了解也更深了一层。素红不但出得了厅堂，下得了厨房，生意做得风生水起，还是浙江省青年书法家、中国作家协会会员，出版了长篇小说《花落红尘》，散文集《有梦在江南》《樱桃红了》等作品。

相聚是短暂的，别离是常态。

更多的时候，我们天各一方，相距遥遥，电话就成为我们联系感情和友情的桥梁与纽带，与她通电话是一种享受，无论拨打还是接听，她开口第一句就是绵软悠长的三个字——亲爱的。开始我不大习惯，渐渐也就习以为常，也乐于享受这份远方的亲近。

而我，无论在文字中还是生活中，很少用这个美好而亲密的词语，此时此刻，却发自内心地想对素红说一声，亲爱的素红，你是人世间最美最可爱的女人。

拥书自净

当又一轮红肥绿瘦席卷圣母大地，百灵锦鸡呢喃，木兰鸢尾相望，丁香柳丝摇曳，徜徉在浩荡的春光里，自己也成为风景。

独立成章，悠然自得，曾经沧海后的水，大浪淘沙后的金，波澜后的坚韧，纷繁后的超然，拒喧嚣于千里之外的姿态，精神原乡那样的净。

越来越认为，净是一个人的最高境界，终其一生也难以修得的状态，尽管知道这条路荆棘盎然，蹒跚漫长，还是愿意追随和靠近。

走在这条路上，走过清晨和黄昏，暖阳和秋霜，直面艰辛，忽如欣慰，还将继续行进，或许延至久远，这是一种力量，一种精神。

常常反省，这份自信缘何而来？追根溯源，归功于书籍。

已经不记得是几岁的时候了，读到的第一本课外书是没有封皮的《苦菜花》，被书中女子的缺衣少穿深深吸引，读几页哭一阵，直到现在依然清晰地记得鼻涕抹在鞋帮上的情景。《闪闪的红星》中有一个细节终生难忘，潘冬子逃跑时躲在一处田坎下，追杀他的人走在漆黑的夜里，踩踏得软泥不停颤动，吓得潘冬子蜷缩一团，头顶不时碰触到跳动的泥土。

16 岁的时候写了一篇《除夕》的短文，发表在县文化馆油印的《岚水》杂志上，工作人员将杂志送来的时候，我在租来的房子里走来走去，一个念头经久燃烧，啊呀，我出名了，从此以后我是名人了，成了名人，以后怎样生活呀？深深地记得，原文中描写月光如何皎洁，星星多么明亮，编辑老师改为月明星稀。

我记住了这个词，从此对观察和细节愈加迷恋。

时光江河般流淌，不留下任何思念，我在日常里安顿身体，自我感觉良好。也是一个春日，红男绿女聚会，一位女同学说，我当乡长的时候怎么样怎么样；一位男同学说，我当县长的时候怎么样怎么样。而当我回头打车拉开车门与他们挥手告别的时候，没有一双眼睛望向我。

由此我知道，自己不属于所有领域，应该有一方自己的天空，幸好，阅读成为我不离不弃的伴侣，在书香里喜怒哀乐，寻觅熨帖的句子和气息。

当然，我也走过了万水千山，在阅读和行走中书写自己的文字，忽然一天汉字变成了蝌蚪般的外文，也没有出名的感觉，甚至不为荣辱所动，不为名利诱惑。

在阅读和写作中，感知到艺术与人生极其相似，都是一门加减法艺术。初心萌发的时候，不断加码，汲取各种营养，到后来则成了减法，也算放下。精简生活的忙碌，削掉艺术的庞杂，直到至精至美，滴水成珠。

这个过程便是智力、体力的考验，更是一个人对整个世界的关照，需要超凡的勇气和毅力，越过尘嚣浮华，抵达心灵的高处，那方神殿唤作，净。

这便是书籍给予凡人的魅力。

前往边城的路有多远

终于踏上了边城的街巷，小路枝蔓一样延伸到不知名的地方。房屋是木板吊脚楼，路是青石板路，一切都是想象中的样子，一切都是旧式的模样。

在沱江的夕阳里放逐河灯，明明灭灭，流向下游的方向，又彳亍着，犹犹豫豫，回到身边。沱江难道是倒淌河，沱江的水难道真的精灵鬼怪，知晓我的心思，猜透我的来意？

上了木楼，灯红酒绿，鼓乐瑟瑟。不远的阁楼里，一位红衣女子，低了头，织着毛衣。风摆杨柳，隔了我与她。我在柳的这一边，歌舞升平；她在柳的那一边，静若处子。一次次眺望，前无古人；一次次回眸，后无来者。希望与失望，追寻与等待，焦苦之心，何处安放？

那是一个怎样的春天啊！

那个春天，第一次知道了翠翠，翠翠在边城，边城有幽长幽长的青石板路，石板间长有蔚蓝的青苔，青苔间夹杂着嫩草。沱江的水烟雨朦胧，氤氲潮湿，从一个方向流向另一个方向，流向一个渡口，爷爷摆渡着过江人，希望翠翠在天宝和傩送家的吊脚楼上多待一些时辰。翠翠却走在回家的路上，水鸭子和鲤鱼窃窃私语，为她送来夜莺的歌声。

毫无来由地，一下子就喜欢上了翠翠，喜欢上了翠翠的边城，一气呵成，写了一首短诗，名为《在边城的日子》。完全是假想，完全是自以为是的边城模样。雨丝、青石板、青苔、吊脚楼、少女，是那首诗的关键词。

自此以后，边城成为我向往和靠近的地方。

清晨，坐在红漆桌前，忙完该忙的一切，将心仪的书藏在铺展的报纸下面，曲了脖子去看，低声翻卷书页，听到脚步声，赶快将报纸覆盖在书本上，装作学习报纸的样子。午后，坐在红漆桌前，在稿纸上写字，咳嗽声传来，快速用报纸遮盖稿纸，心跳得慌乱。那个时候，报纸成为我亲密的盟友，我却不知道版面上的任何内容。后来，不常在红漆桌前坐了，多的时日，坐在电脑前。将电脑的窗口设置成75%，或者更小。有人走近，将窗口瞬间最小化，写到忘情处，忽略了来人，蚊子耳朵样的字体，也不会引起怀疑。

那些遮遮掩掩、躲躲闪闪的文字，将我带进了天堂，神秘、广阔、自由、幸福。各种气息，蜂拥而至。随马克·吐温到了密西西比河，跟他一道观测河水深浅。随苔丝一起躲在神坛的竖柱之间，逃避劫难。听静静顿河的风声，吃哥萨克巨大的面包。仰望乞力马扎罗山的雪。欣赏八月之光的瑰丽。猜测守望者何时走出麦田。偶尔，也出海，时不时地，追捕鲸鱼。

某一日，一只喜鹊从后窗飞了进来，在我头顶惊慌盘旋。赶快打开前门，想给它开辟一条生路。门和落地窗全是透明的玻璃，它辨不清方向，把自己一步步引入歧途，送上绝路。它在前门与后窗反复碰撞，我蜷缩在更矮的地方，生怕阻隔了它的路线，影响它出逃。悲剧还是发生了，它撞到了白色的墙上，把一只展翅飞翔的小鸟，变成了喜鹊的尸体。

不敢靠近，觉得它就是我自己，或者自己还不如一具尸体。将尸体捧了起来，托在掌心。捧着的不是一只小小鸟，而是自己的灵魂和躯体。沉默，真正死亡那样的沉默。

窗外有一株雪松，一年年生发，已经超过了更高的楼层。而我，依旧在红漆桌前坐着，小心翼翼。同样的姿势，坐在老式的电脑前，诚惶诚恐。

无数个夏夜，伴了蝉蛙之声，将柳丝绕在身上，前后荡着秋千，痴痴地望前面的高山，高山无语。俯瞰江水，川流不息。直到星星退去，蛙声沉寂，守岁一样，不忍离去。

很长一段时间，草坪里的夜灯熄灭以前，不曾休息。靠在床上夜读，是我最大的幸福。风声雨声，与我无关。风花雪月，相去甚远。天明，继续行走在衣食住行的路上，走得歪歪斜斜、心神疲惫。

亭亭玉立的女孩子哪里去了，长发飘飘的倩影不见了。光鲜一丝丝逃逸，低沉愈演愈烈。身体无法出走，心灵展翅翱翔。激情与枷锁纠结厮杀，打斗得硝烟四起，烽火连三月。

无数次幻想，脚踩大地，行进在前往边城的路上。

出发了，真的。

首先看到了一滴水珠，悠悠地，坠在金色的橘子上，欲滴不落的样子。仰望久了，没有落下的迹象。左顾右盼，有船在江的左岸和右岸行驶，一侧叫湘江，另一侧也叫湘江。雨就那么下着，打湿了整条湘江和橘子洲头。风拂袖而去，引领我到一尊塑像前，那是迄今为止，我见到的最大的塑像。是一个伟岸的男人，全中国人都用敬语，叫他毛主席；中国以外的人，也用敬语，叫他毛泽东。

一帘柳丝，隔着两方天地。我在边城的外头，她在边城的里头。无法靠近，不能进入。

我把手伸出去，接到了一手雨滴，两只手都接到了冬日的雨滴；然后，将雨滴漏下去，双手合十，举至前额，信徒一样，三鞠躬。

继续出发，在一条名唤金鞭溪的水边行走，重复十年前的路径。那朵带着露珠，掉落在棉衣纽扣上的山茶花不见了，山茶花是白色的，洁白无瑕的那种容貌，那种唤作暗香的气息不曾减弱，反而更诱人。金色的鞭溪水和脊椎上长有黑色花纹的金鞭鱼像我一样，衰了颜色，失了纯真，甚至消散了，娇媚的身姿。

春去秋来，落叶纷纷，一秋一秋地落，一春一春地过往。直到把那首短诗变成了旧作，把翠翠从妹妹转换成侄女，边城似乎也是久远以前的事了。

如今，行走在翠翠走过的青石板路上，蹚过爷爷摆过渡的沱江，听过天宝和傩送唱过的那种山歌，但依然，没有抵达边城，依然行进在前往边城的路上。

我在喧嚣的柳这边，精疲力尽，无所适从。红衣女子在柳的那一边，悠闲惬意，一如既往，沉浸在自己的世界里。

一帘柳丝，隔着两方天地。我在边城的外头，她在边城的里头。无法靠近，不能进入。

前往边城的路到底有多远。

也许永远也抵达不了，也许明天就能到达。

无法释怀的南郑

近年来，越来越多的人问我，你是哪里人？我会告诉人家，陕西汉中人。

一般情况下，对方点点头，喔，好地方，跟诸葛亮还扯得上关系。我笑一笑，算是答复。也有考古意识极为强烈的人，眉毛一挑，声音宏大，拨乱反正一般，大声驳斥，你怎么是汉中人呢？媒体上介绍你是安康岚皋人，连百度百科上都是这么说的。

遇上这种来势凶猛者，我会敷衍几句，岚皋县志和南郑县的什么志书上都说我是他们县的人，所以嘛，随便哪里都是吧。如果问得温婉善意，并且具有极大的兴趣和人文关怀，我会详细告诉人家前因后果，听完我的叙述，对方长叹一声，原来如此复杂哦。然后，是我更长久更悲怆的叹息。

这种叹息一直伴随着我，大概会一直陪伴下去。

有血有肉的人，有谁愿意经常揭开自己的伤疤，晾晒给人家看呢？伤到骨子里的是不愿启齿的。久而久之，我在介绍自己是哪里人这件事上诚惶诚恐，有时候会大而化之陕西人或汉中人。

但在儒家文化光辉的照耀下，在汉民族繁盛的土地上，无论王侯将相，还是一介草民，只要是个人，就得有个出处，贴个标签，无论主观上喜欢还是拒绝，都不会以个人意志为转移，如同每个人可以选择朋友同事、事业信念甚至死亡，却无法选择父母亲人、故乡和出生地。只要在人世间存活一天，一件巨大的事情就得阐释，那就是你从哪里来，要到哪里去。

而我，面对的就是这样一个事实，我是南郑的女儿。

我在南郑县安坎乡一个叫马槽的村庄（现归阳春镇管辖）生活过十年，也是我父亲杜均安作为“右派”下放农村老家的十年。在此之前，我们家族有一段漫长而辉煌的历史，据说在我祖父杜英春还是一位小伙子的时候，家族庞大昌盛，革命者和鸦片吸食者并存，有一院闻名几十里的院落，有广阔的田畴和溪流，文化气息弥漫乡野，后来由于家族争斗和抗日战争、解放战争的时局大动荡，家族像长河落日般迅速败落下来。祖母岳丽与祖父同年出生，祖母有一双小而灵巧的脚，她的兄弟们念过私塾，童年的祖母常常趴在学堂的窗户外，听来许多典故文章，在我很小的时候，就听祖母讲梁山伯和祝英台、王昭君、林黛玉的故事。祖母不但知书达理，年轻的时候一定还优雅漂亮，穿着飘飘绸衫、缤纷绣鞋，坐上轿子到方圆几十里的出租土地上收取租子，在金灿灿的田间地头，就把稻谷菜籽变成亮闪闪的银元，装进亲手绣制的丝绸袋子里。

祖父在他42岁的时候离开人世，死亡原因有几种版本，或者根本就没有死，而是被抓了壮丁去了台湾。当时，他最小的儿子，也就是我的幺爸还在祖母腹中，我可怜的幺爸成为名副其实的遗腹子。祖父的死亡，或者离去，拉开了我们杜家几十年的悲剧史。祖母带着三个儿子、一个女儿度日如年，家族欺凌，世道不宁，只能将一个个孩子送给别家。我父亲是家中长子，是祖母唯一带在身边的孩子，20世纪50年代从汉中农校毕业，分配到安康工作，安岚并县分县，后来就在岚皋县工作。没几年反右开始，被错划为“右派”，不明不白丢了公职，在“文革”中也不能太平，最终下放老家务农。此时的父亲已经从一位青年才俊变成了拖儿带仔的中年男人，贫困交加，心力交瘁。自古男儿就背负着光宗耀祖的使命，衣锦还乡、荣归故里是最高理想，父亲回到故乡的十年间，屈辱和饥饿则像阳光和空气，如影相随，从不分离。

我就在这样的环境中出生和成长，所以敏感和自卑充斥着每一寸肌肤和意识。童年时期没有看见过父亲笑，没有听他唱过歌，父亲似乎一直回避谈论我们的家族历史和家族故事，对他一生中戴了22年“右派”帽子这件事,也闭口不言。成年以后，才惊奇地发现，原来我也是有祖父的，有我从来不曾谋面的祖父，我血脉的源头在他那里。对祖父的全部记忆，只是从仙逝的姑姑那里听来的一个故事。在她12岁，我父亲8岁的时候，姐弟俩到县城的监狱探望祖父，祖父把一个黢黑的馒头掰成两半，一半递给姑姑，一半递给父亲。姑姑说，这是她最后一次看见祖父。

父亲平反以后，我们离开了故乡南郑，心想，从此可以与乡土告别，与那个纠结的家族告辞，与那段纷扰动荡的历史永诀，但世界总是充满了变数，与南郑的情缘又翻开了新的一页。

马素萍，这个与我八竿子打不着，毫无血缘关系的女人，却与我发生了千丝万缕的联系。

因为，她是我的公婆。

我婆婆的娘家在南郑县新集镇附近的山里，她没有上过一天学，大字不识一个，婆家在安坎乡王合村，属于丘陵地带。婆婆面容慈祥，绣工极好，贤淑勤劳。这样的女人来到人世间，应该能幸福平静地度过一生。但万里乡村，芸芸众生，一眼望过去，无数善良淳朴的人，却很少有素养高洁、普度众生的圣贤。吃大米白面的人会讥笑吃玉米红薯的人，穿粗布大褂的人会瞧不起穿不起裤子的人，住砖房的人不会与住草棚的人结亲，就连声音洪亮的人也会欺负声音小的人。尤其是女人，不管是女儿、妻子还是母亲，想生活得自由自在、无忧无虑，受到周围所有人的敬重，得到与付出同等，难于上青天。

按照我婆婆的说法，几十年来，艰辛而平常。在我看来，如此忍辱负重、与世无争的女人，应该过得更加快乐、安静、幸福。

婆婆生命中的最后几年与我们一家三口生活。

我家住在四楼，刚开始她不习惯，从乡村到工厂大院，没有朋友，天天坐在阳台上绣鞋垫，我先生请院子里的一位老太婆陪她聊天，加之都是汉中老乡，久而久之，她们成了无话不说的朋友。工厂职工来自天南地北，职工的父母也像候鸟一样，春去冬来，她的朋友自然多了起来，全是同龄老太婆。有时候，她还没有下楼，就有人站在花坛草坪间仰起脖子一声声唤她，小马，小马，咋还不下来！

婆婆满脸红润，站在阳台上俯瞰着人家，说一句笑一声，然后喜滋滋地换鞋下楼。后来我们把一楼库房装修一番，床铺、衣柜、卫生间、电视机一应俱全，每天傍晚，她的朋友站成一溜儿，排着队等她开门，她干脆就住在楼下，住处便成了老人们热闹的据点。

清晨，老人们把买来的芹菜、韭菜放在一楼空地或石桌上，一边择菜一边聊天，然后一起在鸟语花香的树荫下散步，有一搭没一搭地说着闲话。她经常受邀到别人家帮忙剪鞋样子，裁剪小孩儿的棉袄，做甜酒醪糟、豆腐乳、黄豆酱，最多的还是给亲戚朋友绣鞋垫。至今，那些枝蔓盎然、花色艳丽的鞋垫依然踩踏在每个亲人的脚下，每当穿鞋、脱鞋的时候，有意无意望一眼，总有丝丝哀伤。

周末的时候，她会准时去做礼拜，寒暑坚持，风雨无阻，自从给她配了手机，每到周末，就有福友与她一道往返。有一次平安夜教会演出，她参加的是小合唱，有几个字不认识，就请教我，过了几天告诉我演出非常成功。我问她那么多歌词怎么记得住呀，她说天天看电视，对话和字幕对照着看就认识了。有一次家里买了新电磁炉，标识和按键与原来的炉子不同，她竟然三按两按就会用了，我无限惊讶，问她是不是认识键盘上的字。她说不认识，反正就几个键，挨着试一下，就会用了。

与她一同逛街，她总走在我侧后，后来我发现，即便她与自己的儿子、孙子同行，甚至与任何不相干的人同行，都不会超过同行者，说话总是和颜悦色、心平气和。每次出远门，都要征求我先生的意见，儿子同意后才出行。有一次回老家，她穿了一件碎花上衣，质地非常好的姜黄色真丝裤子，手里拎一个小巧的手包，齐耳黑发，洋气知性，正要上车，我先生不知道出于什么心理，让她换了一套朴素的衣服。这令我想起三从四德的古训，也感叹婆婆的一生，其实就是千百年来中国农村妇女的一生——一生都缺失独立的人格和自主意志。

婆婆过生日的时候，总会给她买衣服，请她的朋友与她一起吃顿饭，她却总是说，人老了穿新衣服浪费，百年后穿这些衣服上路就好，当时我没有把这些话当回事。有时候她会跟我说起当姑娘时候的一些趣事，也会说起几十年来的种种不如意。说到伤心处，我和她会同时流泪，唏嘘长叹。

婆婆一生几乎没有生过大病，当病魔突袭的时候，她和我们都猝不及防。咽气以后，子女们费了很大力气才给她穿上特意买的寿衣和我带回去的新旧衣服，不知道她是否有意见。整理衣服的时候，我专门询问了她的朋友们，老人们异口同声地说，你婆婆说她百年后就穿你们给她买的衣服。入殓之前，我专门把从北京给她买的两双彩漆筷子放在她手边，这盒精致的工艺筷子她曾经打开过，也给她的朋友们欣赏过，但一次都没有用过。

下葬那天，细雨霏霏，看着棺木一点点被泥土掩埋，看着婆婆笑容可掬的遗像，我嚎啕大哭。一个女人，一个平凡而伟大的女儿、妻子、母亲，草木一秋一般，就这样走过了匆匆几十年，这个女人是我的公婆，是我，也是众多长辈、同辈、下一辈。

令我无法释怀的是，婆婆离开我们以后，我收拾一楼的房间，发现楼道下面堆放了许多报刊杂志、纸箱盒子、饮料瓶子，等等，这些都是我们平时要扔而没有扔到垃圾桶的杂物，我问打扫卫生的勤杂工哪儿来的垃圾，人家告诉我说，是你婆婆积攒起来要卖钱的，节俭一辈子，看不惯浪费。

婆婆去世一周年的时候，她走进我的梦里，慈祥快乐的样子，我想，我们是有缘的。

如今，冰柜里还放着一盒黄豆酱，汉中人叫豆豆。婆婆离去以后，炒过两次，一家三口都不愿意把筷子伸向那盘菜。默然地端上桌子，默然撤下，后来就不吃了，就那么存放着，冷藏着。我想，在未来的日子里，再见到这道菜的时候，一定会想起婆婆。

7月中旬的时候，我在黄昏的路口画下八个圆圈，伸出指头一个一个指点，生怕多了或者少了，爷爷、奶奶、外公、外婆、爸爸、二爸、公公、婆婆。每点燃一叠纸钱，我都默默想着他们留给我的印象，其中祖父和外公只是传说，但依然感到亲切，好像从来就没有分开过。火纸熄灭的瞬间，我会站在逝者的灰烬前，看着火星忽明忽暗、闪闪烁烁。一直等到星火消失、陨灭，才会走进夜色里。

我的父亲和婆婆，分别代表着南郑的男人和女人，代表着上一代中国大地上众多的知识分子和乡村妇女，有着坚韧的品质和素养，把一生奉献给了家庭和儿女。

而我，几十年来一直在寻找心灵故乡的人，前世今生，与南郑的情缘结得如此深沉，如此爱恨相融，欲说还休。

岚皋有条千层河

一只蝴蝶，两只蝴蝶，三只蝴蝶。一只黄蝴蝶，两只黄蝴蝶，三只黄蝴蝶。在路上，在路上扇动翅膀。然后，就看见了路面上的杜鹃花，是一些花瓣儿，蝴蝶原来在青睐杜鹃花哩。粉红色的花瓣儿，白色的花瓣儿，大红色的花瓣儿。

仰了头望去，是一些光絮，从密不透风的林木间跳跃出来的光絮，就这样一丝丝、一缕缕，将幽静的巴山冷杉、珙桐、红豆杉、银杏、杜仲渲染得光鲜了，娇艳了，高大英俊了。一种声音传了过来，是只闻其声的鸟鸣。另一种声音传了过来，是展开羽翼的锦鸡，火红色的羽翼、宝石蓝的羽翼、金色的羽翼，在伟岸的林木间顾盼、徘徊、张望。终于，有一处神采奕奕的宽广处，盘旋一周，便飞走了。随着锦鸡滑翔的姿势望去，一挂雪亮雪亮的瀑布突兀地悬在半空中。

那是一挂怎样的瀑布啊！袅娜的、摇曳的、弥弥漫漫的，从绿树丛中飘下来、洒下来、斜下来、匍匐下来。冰清玉洁，珠玑飞溅，璀璀璨璨，恍若梦幻。放了眼眺望，绿树丛并不是瀑布的最高点，绿树以上，蓝天以下，还有一截瀑布。瀑布连瀑布，一叠连一叠，跌跌宕宕，空空蒙蒙。瀑布的源头被葱郁的树木遮掩，千里眼大概也是望不到尽头的。有人说，瀑布有100米高，有人说可能200米。我说这挂瀑布或许没有尽头，无从丈量，一头连在彩云间，一头牵挂深潭里，大概是天上仙水，也只能是天上仙水哩。瀑布垂下的地方，自然是深潭，深潭的水花漫卷着、翻腾着、追逐着、欢乐着，随波逐流，渐渐地疲惫了、舒缓了、平淡了、宁静了、安详了，就见着水潭的真面目了，那样地幽蓝、静谧、深邃、水波不惊、与世无争。这样的潭，只是这条叫千层河的小河上众多的水潭之一，这样的瀑布也只是悬挂在大巴山万山丛中众多的大小瀑布之一。

这条叫千层河的美艳小河，位于陕西南部岚皋县境内，发源于陕西与重庆交界处的大巴山主脉。因为河流从巴山主脉奔腾而下，清清河水或飞流直下，或错落有致，或跌宕起伏，奔腾着、流淌着、踟蹰着、蜿蜒着，呼朋唤友，卿卿我我。不多久，便形成了娇态万千、姿容各异、逶迤生辉的河石。水在石上流，岩在河中走。河里流淌的不单有碧水浪花，依恋的还有四季的色彩和丰饶的馨香，春季的杜鹃，夏季的米兰，秋季的枫叶，冬季的雪花。三步一潭，五步一溪，参差不齐，前仆后继。恰到好处时就有了被唤作雷鸣潭、双珠潭、黑龙潭、白龙潭、跳鱼潭、神女池等有名和无名的碧潭幽水了。潭与潭相接相连的地方错落成或急或缓、音符繁密、音域华美、沸沸扬扬的大小瀑布。瀑布便是河，潭也是河，千层河的名字由此而来。

至于什么时候有的千层河，什么时候被人发现的，还有许多传说。传说之一是，一处河湾住着许多刘姓人家，相传是刘备的后代。离河湾不远的地方，有一个山洞，山洞附近蜜蜂嘤嘤，洞内蝙蝠翩跹，洞底水波酽酽，传说此洞通往重庆境内。山坡上，河水畔，总有娇艳的兰花，孤寂的中草药一碗水，另类的七叶一枝花。间或有动物穿梭其间，那一定是林麝金钱豹或是云豹了。

这是一条尚不被多少人知晓的河流，是一条与喧哗和躁动毫无关联的河流，是一条被旅游开发商惊喜地称作“九寨幺妹”的河流——岚皋县千层河。

北川的年

诸葛志强终于点燃了火纸，三张棱角分明、厚实全乎的暗黄色火纸，这是他从一叠火纸中精心挑选出来的。火纸在空中悬着，火苗最先从纸的下角燃起，火光从金黄色变成淡蓝色，再恢复成黄色，晚风吹来，三张纸在风的鼓舞下，一会儿就变成了卷曲着的黑色灰烬。在轻风飞鸟和清冷的摇曳下，灰烬一片片碎裂、掉落、飘零、游弋、飞翔。

他望了一眼北川县城，县城是一个巨大的黑色盆地，深重地沉寂在黢黑的山峦里，没有一点儿星光，没有一点儿灯火。他知道，在这个除夕夜，北川县城只能是这个样子，凄惨、荒凉和寂寞从5月份一直持续到现在，在2009年新春来临之际，这种气氛不会消减。

望一眼公路，公路两边已经是灯和火的海洋，火纸和黄表熊熊燃烧，一束束、一丛丛玫瑰色的香烛在泥土和碎石间明明灭灭，灯笼和蜡烛在人影和火光中游荡和缥缈，鞭炮和烟花声震山野，星光满天。火光和烟雾掺合着湿润的雾霭，将这座能够俯瞰到北川县城的景家山渲染得璀璀璨璨、妩妩媚媚、绰绰约约、缭缭绕绕。

诸葛志强感到手背发烫，接着是手指灼痛，不用看就知道三张火纸马上就要燃尽了，不能让火熄灭，抓起几张火纸与火星对接，瞬间，火星起死回生般地燃烧起来。这个时候，他才拨拉开地上的荒草，把燃烧的火纸放到地上，再向火里添加火纸。他添加得有点儿慢，一张纸快要燃烧完了，才添加第二张。火纸忽明忽暗地燃烧着，他一张纸一张纸地添加着，不知过了多长时间，他感到腿有些酸痛，干脆伸手拽了一把荒草盘腿坐在地上。纸灰堆渐渐肥硕起来,他还一张一张地添加火纸。后来，他觉得应该说点儿什么，张了几次嘴，没有发出声音。他知道问题出在哪里，从小到大他都不善于把感激的话说出来。说不出口,不代表不感激母亲、妻子和儿子,地震过去这么长时间了,他时时想起的依然是她们三个人，感激的也是这三个人。

张不开口，还是要把感激的话表达出来，便在心里默默念叨：妈，你一辈子省吃俭用，拉扯我长大，还为我娶了一个贤惠把家的媳妇，儿子一辈子都要感激你，但儿子最对不起的也是你，至今连你的尸骨在哪里都不知道，前年为你打制的杉木棺材也不知埋在哪里了。妈，今天给你送了这么多钱，你不要再节省了，想吃啥喝啥穿啥就去换吧，儿在世上好着哩，你就放心吧。

鞭炮和烟花的声音渐渐稀落，公路上的火光和人影还很稠密，那些上坟的人跟他一样都不愿早早离开，都想多陪伴一下长眠在县城的亲人。他不愿意离那些人太近，不愿意受他们感染，悲伤的人离悲伤的人远一点儿好，可以安安静静地思念和倾诉。

他叫了一声秀，竟然叫出了声。他以为不是自己的声音，一边烧纸，一边回头望了望身后，当明白确确实实是自己的声音的时候，心里慌了一下，觉得对不起母亲。跟母亲说话的时候都没有张开口，跟妻子说话竟然自自然然张口就来：秀，今天上午我去移动大厅给你的手机又交了 50 块钱话费，把天气预报和手机短信的业务取消了，你在那边用不着这些业务。刚才又给你打了两次电话，依旧是——你所拨打的电话已关机。以前我们每次打电话最多拨两次就通了，从来没有拨过两次以上，今天拨的还是两次，我已经想好了，以后不能天天给你打电话了，每半个月打一次，明天是正月初一，给你打一次，元宵节的时候再打一次。我已经害怕听到那句机械的电子录音了。

泪水在脸颊上流淌，一串一串地滴落在荒草、火光和纸灰里，他没有擦拭，任由泪水自由奔波。从 5 月份到 8 月份他每天都在流泪，以至于眼睛周围长满了湿疹，8 月份以后才慢慢恢复了点儿元气，就不大流泪了。逝者远去，生者还得生活，得继续走在生命的道路上。儿子遇难的时候刚满 10 岁。从秀生下儿子的第一刻开始，他就大着嗓门儿跟儿子说话，为此，母亲和秀不知道唠叨了多少次，现在，他还是大声跟儿子说话。

他咳嗽了一声，眼泪更加澎湃，他抬起胳膊擦了一下眼泪，大着嗓门儿说：儿子，我命薄，只给你当了十年的爹，今天我要好好陪你放炮，咱们有两盒甩炮、一挂鞭炮、一箱烟花，还有给你的压岁钱。你是我和你妈妈最可爱的儿子，你的照片在我的手机上，每天举起手机就能看见你，晚上睡不着的时候还是看你。新年到了，你又长了一岁，再过几年你就是大小伙子了，你一直都是个懂事的孩子，在那边，一定要好好照顾奶奶和妈妈，也算替我尽孝了，儿子，爸爸在阳间感谢你了。

火焰照耀着泪眼迷蒙的脸，木然与灵性之间，诸葛志强希望一直停留在此时此刻，又希望赶快过了这个年。

袖拂天星

世界上万事万物都是有灵的，登临一座山，蹚过一条河，实际上是在寻觅一种感觉、一种灵性、一种奇特、一种照亮。

正如珠穆朗玛的冰清玉洁、峨眉山的秀丽、黄山的奇绝，黄河的大气磅礴、长江的浩浩荡荡、雅鲁藏布江的豪迈奔腾。

华山天下险，自古华山一条路，只是华山的表象。

华山的韵味、气质、味道，只有身临其境才能懂得，只有细细品味，才能享受到她的风情万种、美艳绝伦。

大学期间，几位男同学登上了华山，三天后的凌晨才回到学校。那个时候，华山没有索道，只能徒步攀爬。陡峭、奇险、华山日出，就此印在我的脑海中。

十年前，第一次登华山，同行的是一位银川女孩。她穿了一条连衣裙，我穿的是套裙，苍龙岭上，风把我的帽子吹得不见踪影，我们手拉手，相互鼓励，终于爬上了云梯，登上了西峰。

再次亲历华山，风光依旧，松涛依然，游人如织，物是人非。

因为有共同攀登华山的经历，我和银川女孩，一度无话不谈，两颗女人的心走得很近很近。我们谈论自己的初恋，自己的理想，自己的家庭，憧憬着各自的未来。时间是检验真理的唯一标准，也是检验亲情、爱情、友情的唯一标准。十多年后的现在，彼此牵挂，却天各一方。

从较低的北峰，一直登上擦耳崖、苍龙岭、金锁关、东峰、南峰、西峰，一路走来，多了两样色彩：黄色和红色。黄色是锁，红色是絮。谓之金锁、长命锁、同心锁。锁上拴一缕红布花絮，飘逸醒目。重重叠叠，一摞一摞，如胶似漆，紧锁在沿途的护栏石柱上、铁链上。越是高拔险峻的地方，金锁越多。常常地，会出现一个画面：高高的花岗岩石上，没有一棵树，没有一株草，只有一长溜儿艳丽的红黄铁锁，侠士一般，傲立峰顶，构成了华山一道新的景观。

其实，情感是锁不住的。最爱你的父母，终会离你而去。你最爱的子女会有自己的天空。友情，像树叶一般，春绿秋黄，去兮来兮。爱情永驻，山盟海誓，功名利禄，神马一样，过眼云烟。

唯独能够留住的大概只有精神、品格、记忆中的美好。华山之上，有无数的松树，常常扎根在看似光秃的岩石上，冬去春来，自得其乐。那棵千年将军松，就是其中之一。如果不经受住冰雪严寒、雷鸣闪电，大概早变成了尘埃，或殿堂之梁，或棺木之盖。

子夜的松涛，清辉的明月，浩瀚的岭下灯火，晨光中的山川画卷，远处的逶迤黄河，变幻无穷的霞光，只属于那一刻的你，那一刻的感动、想象、酣畅。

那些挑夫，艰辛而执着，为了生存，简单而重复地劳作。日出而作，日落而息，苦闷的时候，合着鸟儿的啼鸣歌唱。

而这一切，都不是华山的全部，只是自然的造化。地球之上，东西南北中，所有的高山险岭，都具备这些风光的可能。但它成为不了华山。

高山大河之多，祖国疆土之阔，天下华山只有一座。五岳归来不看山，可见西岳华山之尊贵。华山的鹤立鸡群，珍稀得需要保护，就在于它的无法克隆。

这就是华山的历史、文化、底蕴、人文价值。

世界上没有几座山，被《尚书》《史记》《水经注》描述，被几十位皇帝巡游和祭祀，被李白、杜甫、韩愈登临咏唱，被无数的神话和传说赋予神奇的力量。

华山之巅，被祖辈文人镌刻上孤高自尊、袖拂天星的字样。因为华山有这样的大气，具备这样的品质，才值得如此颂扬。

所以华山成为一种精神，千古流芳，被人仰望。

夜浴天潭

最先滑入的是玫瑰汤，踮起脚尖，一步两寸地挪动，用心留住那种感觉，生怕转瞬即逝，便会惋惜。

花瓣儿早已消了颜色，失了香息与华光，懒懒地蜷缩着，自由自在地游弋，更多地漫溢在池沿，随时都会离去的样子。倾身去抚，漾起阵阵水花，飞起落下，晶莹在温煦里，氤氲，缭绕，飘飘欲仙。

迷蒙之中，就看见了雾，不是汤池升腾的雾，也不是山雾，也不是秸秆燃烧的浊雾，也不是穿越晨光的雾霭，而是夜雾。似乎也不全是夜雾，或是玫瑰、芙蓉、芍药与水珠相遇时迸发的色彩与精灵，或是月光、星光、羽翼之光映在树叶上毛茸茸的感觉，似纱非纱，如梦似幻。雾是香的，被水珠轻吻过的馨香。披上浴衣，随香而去，才发现天上飘着细雨，若有若无，悠然，曼妙，娓娓道来。

曲径通幽，婉约迂回，便置身于波光粼粼之中了。踱一步，水声响起，再踱一步，水声低吟，轻轻的，静静的，祥和的。桑叶翻卷时的波光，水珠滴落在枫叶上的波光，冬青被路灯映照的波光，夜幕的波光，辉映在青石板上，妩媚，潋滟，忽明忽暗。

凌霄花横在小径上，淡黄橘红的花朵，颤悠悠在寂寥里，水珠滴落一下，花束颤抖一下，水珠滴落一下，花束颤抖一下，花朵的灵光也颤悠一下。三朵两朵聚在一起，或开得正艳，或含苞待放，或已经凋敝，全都点缀在藤蔓间，如同生命长河中的万事万物，盛开与陨落轮回，生死相望，生生不息。

一种与翠竹比肩却叫不上名字的花草，叶如手掌，依着秩序一般，由低到高叶片渐次变小，花朵亦渐次变小。花谢时，结一个灯笼，一个一个鹅黄色灯笼挂满枝头，灯笼也依着顺序，由低到高，依次变小。灯笼结束的地方就是花的世界了，一朵两朵，艳红，紫红，玫瑰红，红中透着浅白，红白相间，粉白相绕，斑驳迤逦，风情万种。微风起，或依了国槐榆树，或凌空引颈。国槐叶也有沧桑颜色的，也有嫩绿颜色的，隔着雨雾夜色，盈盈，窈窈，故事才刚刚开始。

葫芦丝，轻轻缓缓地飘来，以为远在天边，其实发乎脚下璞玉样的石头缝隙，飘飘渺渺，轻如寒蝉。每一片竹叶尖上都缀着一滴水珠，如银似雪，又似雾。舍不得触摸，舍不得一眼看完。亻亍近前，腾起一只百灵，穿竹度柳，窸窣间，婆娑一场珍珠雨。

亲亲鱼疗的鱼名为土耳其鱼，是我不曾见过的，小若蝌蚪，敏捷，灵动。游走肌肤，钻进泳衣，轻轻啄食，如同音符敲击，筋络顿舒。藤萝葱郁，空气粼粼，醇美清新，人在池中，鱼在水里，天人合一，道法自然。这幅景象就是生命出发的地方，母腹的气象与温良。

人世间的气息，最香莫过于花香，诱人莫过于果子。有一种香却是花香、果香无法比拟的，那就是药香。无论中药还是藏药，大多来自山水林溪，汲取自然之精华。当归，艾叶，木香，红花，丹参，女贞，桃仁，大黄，白芷……单名目，就如诗似画，浮想联翩，传说绵绵。

入了药池，水雾袅袅，药香弥漫，闭目养神，陶陶然，微醺似醉，如绸似缎，真可谓“温泉水滑洗凝脂，侍儿扶起娇无

苍茫茫的山峦，烟雨笼罩，一峰连一峰，重峦叠嶂，那便是终南山了。

力”。鸟鸣时，眼珠间或一轮，粉嘟嘟的花伴着果子斜着身子摇曳在池边，细细看了，花是木槿花，果是附着水珠的毛桃石榴。仰了脖子想要攀摘，一滴水珠不偏不倚滴在眉间，突兀，沁凉，神清气爽。

顺着花枝树梢远眺，苍茫茫的山峦，烟雨笼罩，一峰连一峰，重峦叠嶂，那便是终南山了。自古秦岭无闲草，怪不得汤池弥漫着奢侈的药香，药草应该来自相亲相近的山野林莽。温泉自然来自终南山，秦岭的精华美水。天潭温泉，意为天上之水，来自巍峨秦岭的养神明智丽水，可不就是天上之水嘛。

天潭温泉，香溢四野的天赐神汤，心灵的小小驿站。

从汉江到汉城湖

生活因为充满变数而神奇妙然，在无数个过往的日日夜夜里，怎么也没有想到，今生能与汉长安城结缘。

这个缘结得毫无征兆，没有防备。

几年以前，在西安北郊买了一套房子，买的时候对周边环境知之甚少，图的只是便捷和便宜。某一天，站在阳台上眺望，就见到一座方塔，从塔的颜色判断，自然是仿古新塔。将目光继续延宕，树木葱茏中，一个冕旒巍峨、袖阔肩宽的男人映入眼帘，从气势来看，定是不凡高人。

心中惊喜，哼着小曲一蹦三跳，几分钟之后就跳到北二环旁，左看是车流，右看还是车流。方塔就在二环紧北，威武的男人也在等我，一等千年。我像大海中的金枪鱼，在大小车辆的洪流中，迂回婉转，惊心动魄间，终于穿越车浪，吓得一位少年脸色突变，惶恐躲闪。回眸顾盼，一座高架天桥咫尺可见。

拍一下脑门，骂一声自己，就到了方塔近旁。从标识来看，原来进入了汉长安城遗址公园，方塔是长安城角楼，季风中屹立的铜塑男人，即是汉武帝刘彻。

从此以后，无论初春还是隆冬，这里成为我散步消闲的主要场所。城墙遗址，大汉雕塑，画舫，汉阙，音乐喷泉，在春草与夏花间愈加亲切。

最心仪的还是那一湖水，绵延数十里，此前被唤作团结水库，更久以前，应该是长安城的漕运河道。水域之上，有数座桥梁相连，最常跨越的是双孔玉蜓桥。移步桥上，凭栏顾盼，远处有阡陌，近处有冬青，不远不近的地方飞鸟蹁跹，烟波袅袅。向晚时分，桥上桥下，湖岸两边，彩灯流苏，光影迷离。这个时候，有些恍惚，似乎回到汉江之畔，那里有我的青春记忆、天真憧憬，有我春水般的思念和绵延万里的期盼。

沿着垂柳依依的湖岸行走，垂钓者，吼秦腔者，舞剑者，观光者，和平相处，互不叨扰。槐花一开，颂扬整个春天，香熏夜莺，寻了香仰望，明月一轮，星星几点。

绿树与翠竹总在岸边，在岸边的曲径通幽处，漫步在悠长婉约的小径上，心会剧烈跳跃，恋爱的冲动倏然升腾，纷纷攘攘，驱也驱不散的，心就变得柔软、敏感、多情、爱怜，眼里满含情愿。多年前的刘邦、吕雉、戚夫人，以及众多帝王将相、才子佳人，会不会也走过这丛绿，经过这份幽，安享这份静？是否同我一样，沐浴同一轮月光，赏析同一缕朝阳？

水榭畔，有一处酒吧，白墙红柱，飞檐斗拱，朱雀瓦当，标准一仿汉建筑，室内装修极具后现代特色，音乐与啤酒气味相投。进去，出来，仿佛千年。

几乎每个黄昏，一处小广场上总是歌舞升平，歌之舞之足之蹈之，男男女女，或双人舞，或独舞，一眼望去，一匹汉白玉高头大马和一位英俊男子矗立人群中间，拨开云雾般的臂膀、花剑、绸扇，走近那人那马，马脖子上挂着一个小型音响，“跑马溜溜的山上”就是从这匣子里飘出来的。马耳朵上摇晃着一串钥匙，钥匙上吊一只铃铛，在晚风中叮当脆响。马尾巴也不清闲，挂着一个布袋，一片菜叶伸出袋口，随着舞步和扇子舞动的节奏，湖水般荡漾。仔细去看，影影绰绰，辨不清马是何方神马，人是何等雅士。掏出手机，借着手机光去看，就看清马蹄下的石刻——韩信。名字后面有百余字简介。与韩信三足鼎立的地方，分别是张良、萧何的塑像和坐骑。

后来，只要到汉城湖散步，必要多看韩信、张良、萧何几眼，也知道这是汉初三杰广场。远亲不如近邻，我觉得我们是那样亲密，那样相知。

一个春日，几位朋友相约去郊外踏青，稀里糊涂爬上一座长方形陵墓，陵墓上青草萋萋，生机盎然。大家争相采撷春天的娇美，一位姐姐要我帮她采野韭菜，勤劳了好一阵子，采一捧青绿于她。姐姐大呼，哎呦呦，你没挖过野菜啊，怎么连白色小骨朵都不要呢?

连忙答曰，第一次挖野菜。说话间，一眼就看见墓碑介绍，吕后之墓。

这一惊，动静有点儿大，差点儿滚下坟头。

举目四望，不远处是汉高祖刘邦的长陵和几位太子墓。远远近近，高高低低，田畴之上，土包点点。按照旅游业流行语，到陕西看坟头，指的就是这种帝王将相的陵墓。

明白过来之后，我与姐姐一脸端庄，在坟墓半腰站稳，嘴里念叨着“一鞠躬二鞠躬三鞠躬”，穿长裙的我俩，恭恭敬敬给同样穿长裙的前辈吕后鞠躬行了三个礼。

我是什么时候意识到汉长安城于我的荣耀呢?

还得从一次南国之行说起。几位朋友喝茶聊天，一位女士大谈她的居住之美：门前有绿地，窗后有浅山，鸟语花香，空气清冽。所以嘛，女士得出结论，好运连连。

大伙儿一起赞叹，人在这样美好的环境中，不出人头地才怪呢！人啊，如果没有安顿身体和灵魂的好场所，简直就别来人世间。

接着，有人说自家楼下有两株香樟树，每天傍晚围绕香樟转十圈，转着转着，浑身上下香气四溢。也有人说，离小区三里地的地方，有一个公园，公园里有一湖水，水面上总是游着十只鸭子，两只白色，五只灰色，还有三只不黑不白。有人插话，你那算什么呀，离我家十里地有一条小溪、一片树林，夏日里常去烧烤。

然后，大家全都盯着我，我被盯得不好意思，只好说，从前呀，汉江从我家窗下流过，现在陪伴我的是汉城湖。

大家顿时睁大眼睛，争先恐后地质问，你是说汉朝的长安城吗？是汉长安城遗址公园吗？

我点头称是。有人猛地扑上来，就要拧我的耳朵，捶我的肩膀，边打边骂，瞧杜文娟这个家伙藏得多深啊，守着一座千年皇城，一声不吭，还在我们面前装淑女，装傻瓜，装弱势，显得我们多没文化哟。

那一瞬间，才觉得自己果然是一位幸运的女人，不但有天上之水汉江抚慰，还有汉朝的风唐朝的雨相依相伴，想必是上天赐予我的圣物，让我与人杰为邻，与历史相通。